"ධම්මෝ හි වාසෙට්ඨා, සෙට්ඨෝ ජනේතස්මිං
දිට්ඨේ චේව ධම්මේ, අභිසම්පරායේ ච."

වාසෙට්ඨයෙනි, මෙලොවෙහි ත්, පරලොවෙහි ත්
ජනයා අතර ධර්මය ම ශ්‍රේෂ්ඨ වෙයි !

- අග්ගඤ්ඤ සූත්‍රය - භාගයවත් බුදුරජාණන් වහන්සේ

අලුත් දහම් වැඩසටහන - 26

විහින් අමාරුවේ වැටෙන්න එපා !

පූජ්‍ය කිරිබත්ගොඩ ඤාණානන්ද ස්වාමීන් වහන්සේ

ISBN : 978-955-687-150-0

ප්‍රථම මුද්‍රණය : ශ්‍රී බු.ව. 2561 ක් වූ දුරුතු මස පුන් පොහෝ දින

සම්පාදනය : මහමෙව්නාව භාවනා අසපුව
වඩුවාව, යටිගල්ඔළුව, පොල්ගහවෙල.
දුර : 037 2244602
info@mahamevnawa.lk | www.mahamevnawa.lk

පරිගණක අකුරු සැකසුම, පිටකවර නිර්මාණය සහ ප්‍රකාශනය :
මහාමේඝ ප්‍රකාශකයෝ
වඩුවාව, යටිගල්ඔළුව, පොල්ගහවෙල.
දුර : 037 2053300, 076 8255703
mahameghapublishers@gmail.com

මුද්‍රණය : ලීඩ්ස් ග්‍රැෆික්ස් (පුද්.) සමාගම,
අංක 356 E, පන්නිපිටිය පාර, තලවතුගොඩ.
ටෙලි: 011-4301616 / 0112-796151

චතුරාර්ය සත්‍යාවබෝධයට ධර්ම දේශනා....

විහින් අමාරුවේ වැටෙන්න එපා !

අලුත් දහම් වැඩසටහන

26

පූජ්‍ය කිරිබත්ගොඩ ඤාණානන්ද ස්වාමීන් වහන්සේ
විසින් පොල්ගහවෙල මහමෙව්නාව භාවනා අසපුවේ අලුත් දහම්
වැඩසටහනේදී සිදු කළ ධර්ම දේශනා ඇසුරිනි.

මහාමේඝ
MAHAMEGHA

ප්‍රකාශනයකි

පෙළගැස්ම....

නමෝ තස්ස භගවතෝ අරහතෝ සම්මාසම්බුද්ධස්ස
ඒ භාග්‍යවත් අර්හත් සම්මා සම්බුදුරජාණන් වහන්සේට නමස්කාර වේවා!

01.
උදේ වරුවේ ධර්ම දේශනය

සැදැහැවත් පින්වත්නි,

අද මේ දහම් හමුවේදී අපි ඉගෙන ගන්ට බලාපොරොත්තු වන්නේ ඉතාම වටිනා උතුම් සූත්‍ර දේශනාවක්. මේ දේශනාවේ නම රථවිනීත සූත්‍රය. මම මේ සූත්‍ර දේශනා ඔබට කියාදෙන්න පටන් අරන් දැන් අවුරුදු විස්සකට වැඩියි. මේ ධර්ම දේශනාවල් කිරීමෙන් මං බලාපොරොත්තු වුනේ මෝරපු නුවණක් තියෙන පිරිසක් බිහිකරන්නයි. නොමේරූ අය මේරුවා කියලා හිතාගෙන අමාරුවේ වැටිච්ච අවස්ථාවල් පහුකරගෙන ඇවිල්ලයි මං මේ දහම් කථාව කළේ. ඒවා මං මගේ ඇහින් ම දැක්කා.

මං ධර්මය සොයාගෙන ගියේ මීට අවුරුදු තිහකට කලින්. ඒ ගියපු සමහර තැන්වලින් මාර්ගඵල දෙනවා. මමත් දවසක් භාවනා කරගෙන යද්දි ඇඟ නොදැනී ගිහිල්ලා ඇටසැකිල්ල විතරක් පේන්න ගත්තා.

නමුත් ඒවා අපි දියුණුවක් හැටියට සැලකුවේ නෑ. අපට ඒ කාලේ ඉගැන්නුවේ ඒ වගේ දේවල් පේනකොට පේනවා... පේනවා... කියලා අතඅරින්න කියලයි. ඊට පස්සේ අපට ඉගැන්නුවා අරමුණු නොදැනී යන විදිහට භාවනා කරන්ට. ඊට පස්සේ ඉගැන්නුවා සෝවාන් ඵලය, සකදාගාමී ඵලය අධිෂ්ඨාන කරගන්න කියලා. ඕවා තමයි අපි කර කර හිටියේ.

මහණ කරන්න බෑ. එයාට ප්‍රෙෂර්....

ඉතින් මම ගියපු ඒ එක ස්ථානයක උපාසක මහත්තයෙක් භාවනා කර කර හිටියා. ඒ උපාසක මහත්තයා මාත් එක්කම කිව්වා 'මට දැන් මේ වෙද්දි ඤාණ හතළිස් පහක් පහළ වෙලා තියෙන්නේ' කියලා. ඊට පස්සේ ඒ භාවනාව දීපු ස්වාමීන් වහන්සේ පිළිගත්තා ඒ උපාසක මහත්තයා රහත් වුනාය කියලා. ඒ කාලේ අපි අහලා තිබුනේ රහත් වුනාට පස්සේ දවස් හතක් ගිහි ගෙදර ඉන්න පුළුවන් කියලයි. හැබැයි දේශනාවේ තියෙන්නේ රහත් වෙච්ච දවසේ පැවිදි වුනේ නැත්නම් පිරිනිවන් පානවා කියලයි. එච්චරවත් අපි දැනගෙන උන්නේ නෑ.

ඉතින් මං ගිහිල්ලා ඒ ස්වාමීන් වහන්සේට කිව්වා "ස්වාමීනී, අර උපාසක මහත්තයා දැන් රහත් වෙලයි ඉන්නේ. ඉක්මනට මහණ කරමු දවස් හතක් යන්න කලින්. නැත්නම් පිරිනිවන් පායි" කියලා. "හාපෝ මහණ කරන්න බෑ. එයාට ප්‍රෙෂර්" කිව්වා. ඒ වගේ දේවල් අපි අත්දුටුවා මීට අවුරුදු තිහකට කලින්. ඒ කාලේ තිබ්ච්ච වෙනස තමයි ඒ කාලේ යූටියුබ් නෑ. ඉන්ටර්නෙට් නෑ. ෆේස්බුක් නෑ. ඒ නිසා ඒ වැඩසටහන් සැඩ පහරක් වගේ මිනිස්සු අතරට ගියේ නෑ.

මං මුළා වූ මිනිස් කැල....

ටික කාලයක් ගියාට පස්සේ ඒ හාමුදුරුවොම කියනවා "මෙයා මේ මගඵල ලැබුවා කියලා කිය කිය විකාරයක් කිව්වා. අපිත් රැවටුනා" කියලා. ඊට පස්සේ ඒ වැඩපිළිවෙළ හරියන්නේ නෑ කියලා තේරිලා මං එතැනින් ගියා. ගියාට දැන් මගේ හිතේ තියෙන්නේ කාගෙහරි යටතේ ඉඳගෙන ධර්මය පුරුදු කරලා ඉක්මනට මේකෙන් එතෙර වෙන්න ඕනෙ කියලයි. එහෙම අදහස් කරගෙන තමයි සියලු දෙනා ඒ භාවනා වැඩසටහන්වලට සහභාගී වෙන්නේ. ඉතින් කෙළවරක් නැතුව පිරිස සෝවාන් වෙනවා, සකදාගාමී වෙනවා, අනාගාමී වෙනවා, එහේ රහත් වෙච්චි උපාසක අම්මලා ගොඩක් හිටියා. ධර්මය ඉගෙන ගත්තට පස්සේ තමයි අපට තේරුනේ ඒ ඔක්කොම මං මුළාවීම් කියලා.

අතන වැරදුනාට මෙතන හරි....

ඔහොම යද්දි මට සූත්‍ර දේශනාවල් ඉස්මතු කරලා කතා කරන ස්වාමීන් වහන්සේ නමක් හම්බ වුනා අමතගවේසී කියලා. උන්වහන්සේගේ ඇසුරට මං වැටුනා. එහේ මාත් එක්ක තවත් ස්වාමීන් වහන්සේ නමක් හිටියා. උන්වහන්සේ ගොඩක් වීරිය අරගෙන භාවනා කළා. ඉක්මනට සමාධිය ඇතිවුනා. දවසක් උන්වහන්සේ මට කිව්වා 'දැන් හරි... මං සෝතාපන්න වුනා' කියලා. මං හිතාගෙන හිටියේ අතන වැරදුනාට මෙතන හරි කියලයි.

එහේ මුලින් ම භාවනා පුහුණුව දෙන්නේ විනාඩි විස්සක් අසුභ භාවනාවයි, විනාඩි විස්සක් මෛත්‍රී භාවනාවයි කරලා ආනාපානසතිය කරගෙන යන්න

කියලයි. ඒ ක්‍රමයෙන් ගොඩාක් අයට සමාධිය ඇතිවෙනවා. සමාධිය ඇතිවුනාට පස්සේ ඇතිවීම නැතිවීම බලන්න කියලා, අනිත්‍ය බලන්න කියලා උගන්වනවා. ඒ අමතගවේසී ස්වාමීන් වහන්සේ එක එක්කෙනා සමාධියෙන් ඉන්දෙද්දි පේන ආලෝකවලින් තමයි මගඵල මේකයි මේකයි කියලා තීරණය කරන්නේ. ඉතින් මම දැඩි ලෙස අදහාගෙන හිටියා මේක නම් හරි තමයි කියලා. මොකද හේතුව, බුද්ධ දේශනාත් කතා කර කර ඒ වැඩපිළිවෙළ ගෙනිච්ච නිසා.

අවංකව ම නිවන සොයා යන අය වැටෙන වළවල්....

ඔහොම වෙලා ඊට පස්සේ ඔන්න අපි අනුරාධපුරේ ගියා. අනුරාධපුරේදී දවසක් රෑ උන්වහන්සේ මට කිව්වා "ඤාණානන්ද, මං රහත් ඵලයට පත්වුනා" කියලා. දැන් මට හරී සතුටුයි. ඇයි දැන් මං ඉන්නේ එසේ මෙසේ කෙනෙක් ගාව නෙවෙයිනේ. මං ඉතින් බිම පෙරලිලා දෙපා සිඹගෙන වන්දනා කළා. මම අර ඔබට කලින් කිව්වේ මාත් එක්ක හිටපු තව හාමුදුරු කෙනෙක් ගැන. උන්වහන්සේත් හිටියේ අනුරාධපුරේ ම තව ආරණ්‍යයක. මං ඉක්මනට ගිහින් උන්වහන්සේට කිව්වා අපේ ස්වාමීන් වහන්සේ රහත් වුනා කියලා. එහෙනම් බලන්ට යං කියලා අපි ඉක්මනට ආවා.

මං මේ කියන්නේ මහමෙව්නාව හදන්න කලින් එක්දාස් නවසිය අනූ ගණන්වල මුල් කාලේ වෙච්ච දේවල්. එහේ තව උපාසක අම්මා කෙනෙක් හිටියා. ඒ උපාසක අම්මටත් භාවනාවෙන් එක එක ඒවා පේනවා. දැන් ඒ අම්මත් ළඟ තියාගෙන, 'ඔයත් දූන් මේක ඉවරයක්

කරගන්ට අධිෂ්ඨානයක් ගන්න' කියලා අර ස්වාමීන් වහන්සේට කිව්වා. ඒ වෙද්දි මං පුරුදු වෙලා තිබුණා ගිහිල්ලා සූත්‍ර පොත බලන්න, මේ කියන දේවල් හරි ද කියලා. ඉතින් උන්වහන්සේත් මට කිව්වා අපි මේ සතිය කතා නොකර දිගටම වීරිය කරමු කියලා.

අරුම පුදුම සමාධියක්....

සාමාන්‍යයෙන් උන්වහන්සේ දවල් දානෙ වළඳලා එකට විතර භාවනාවට වාඩිවුනාම ආයෙ හවස හතට විතර තමයි නැගිටින්නේ. පැය හතක් අටක් සමාධියෙන් ඉන්නවා. ඉතින් මාත් හිතුවා මේක නම් හරිම තමයි කියලා. ඊට පස්සේ උන්වහන්සේත් දවසක් මට "ඤාණානන්ද, සතර මග, සතර ඵල සම්පූර්ණ වුනා කියලා කියන්නේ මොකක්ද?" කියලා ඇහුවා. මට මේ වචනෙ කටට දෙනවා. මං කිව්වා ඒ රහත් ඵලයනේ කියලා. එහෙනම් මාත් කරගත්තා කිව්වා. මට වඩා බාලයි උන්වහන්සේ. නමුත් මම ගිහිල්ලා පත්කඩය එලලා දෙපා අල්ලගෙන වන්දනා කළා. ඇයි දැන් රහතන් වහන්සේලා ගාවනේ මං ඉන්නේ.

රහත් දෙනමයි, නිකම් හාමුදුරුවොයි....

ඊට පස්සේ අපි අමතගවේසී හාමුදුරුවොත් එක්ක, වෙන තැනකට යන්ට අනුරාධපුරෙන් පිටත් වුනා. ඒ අතරමග තවත් භාවනා කරන අම්මා කෙනෙක් ඉන්නවා. එයාට දෙවි කෙනෙක් කියනවා "රහතන් වහන්සේලා දෙනමක් එනවා නිකම් හාමුදුරු කෙනෙක් එක්ක" කියලා. නිකම් එක්කෙනා මම. අර දෙනම රහතන් වහන්සේලා. මේ සිද්ධිය මීට අවුරුදු විසි පහකට විතර

කලින් වෙච්ච එකක්. මට අද වගේ මතකයි, උන්වහන්සේ එදා අනුමෝදනා බණට දේශනා කළේ අම්බ සූත්‍රය. ඒ සූත්‍රයේ විස්තර වෙන්නේ අඹ වර්ග හතරක් ගැනයි, ඒ අඹ වර්ග හතරට සමාන පුද්ගලයෝ හතර දෙනෙක් ගැනයි. ඒ කියන්නේ සමහර අඹ තියෙනවා ඉදිලා, හැබැයි පිටට පේන්නේ අමුයි වගේ. සමහර අඹ තියෙනවා කහ පාටයි, හැබැයි ඇතුල අමුයි. ඒ වගේ විස්තරයක් ඒ දේශනාවේ තියෙන්නේ.

රහත් කියපු අය පස්සේ කසාද බැන්දා....

ඊට පස්සේ ඉතින් ඔහොම වෙලා ඒ භාවනා වැඩසටහන්වලට සහභාගී වන උපාසක අම්මලයි තරුණ ගැහැණු ළමයිනුයි හෝගාලා දැන් රහත් වෙන්න පටන් ගත්තා. තරුණ ගෑණු ළමයි කියනවා 'දැන් මං රහත් ඵලයට පත්වෙලා ඉන්නේ. මට දැන් රාග ද්වේෂ මෝහ මුකුත් නෑ" කියලා. ඊට පස්සේ ගෙදරට කියනවා 'දැන් ඉතින් කරන්න දෙයක් නෑ. මේ ළමයා රහත් ඵලයට පත්වෙලා ඉන්නේ. මහණ කරන්න' කියලා. මහණ කරනවා. ටික කාලයක් ගිහිල්ලා රණ්ඩු ඇතිවෙලා සිවුරු ඇරලා ගිහිල්ලා කසාද බඳිනවා. මම ඒ හාමුදුරුවන්ට කිව්වා 'ස්වාමීනී, මේ වැඩපිළිවෙළේ ප්‍රශ්නයක් තියෙනවා' කියලා. පිළිගත්තේ නෑ.

පස්සෙ පස්සෙ මට තේරුණා බුද්ධ දේශනාවේ තියෙන කරුණු උන්වහන්සේලාට කරගන්න බැරිවුනාම දේශනාව අතඅරිනවා. මට සැක හිතුනා. ඊට පස්සේ තමයි මම හිමාලේ ගියේ. හිමාලේ ගියාට පස්සේ විශාල කරදරේක වැටෙන්න ගිහිල්ලා මං නූලෙන් බේරුණා. හැබැයි මට පොඩි සමාධියක් තිබුණා. මුලින් එක තැනකදි

මට මගඵල දීලා, පස්සේ මේක ඇත්ත එකක් නෙවෙයි කියලා හිතලා මං ඒක අතඇරියා. මගේ වාසියට හිටියා මං ආවේගයට පත්වෙච්ච නැති එක. ඔය භාවනාවලට යන ගොඩක් අයට වෙන්නේ ආවේගයට පත්වෙන එක. මං ඒකයි මාර්ගඵල දෙන්නෙ නැත්තේ.

ගුණධර්මයන්ගේ පරිහානිය....

මං මේ ළඟදි පත්තරේට ලිපියක් දැම්මා "ඔබත් මගඵල ලබනු කැමති ද? එසේ නම් මෙයත් දැනගන්න" කියන මාතෘකාවෙන්. මගඵල ලැබුවයි කියන අය දැන් මට කැලෑ පත්තර එවනවා. ඒකෙන් තේරුම් ගතහැකියි ගුණධර්මයන්ගේ පරිහානිය. අපි කියන ත්‍රිලක්ෂණය වැරදියි කිය කියා කැලෑ පත්තර එවනවා. 'අපි ගොඩක් කල් ඉඳලා ඔහේට ආවා. අපිට මුකුත් ලැබුනේ නෑ' කියලා ගරහනවා. මේ මොකක්ද? ආවේගයක්.

හිමාලේ ගිහින් ඉන්න කාලේ සාදුවරු මට හිතවත් වෙලා හිටියා මට හින්දි පුළුවන් නිසා. මම ගියා කුණ්ඩලිනී භාවනාව කරන්න. කුණ්ඩලිනී කියන්නේ චක්‍ර අවදිකිරීම. මගේ වාසනාවට මට හිතවත් සාදුකෙනෙක් "අත තියන්න එපා කුණ්ඩලිනීවලට. ඕක භයානකයි. ඔතන භූත කේස් එකක් තියෙන්නේ" කිව්වා. ඒ කියන්නේ කුණ්ඩලිනීවලදි වෙන්නේ මැරිච්ච කෙනෙකුගේ දිෂ්ටියක් චක්‍රවලට වැටෙන එක. එතකොට පිටස්තර බලවේගයකින් තමයි එයාව පාලනය කරන්නේ. එදා ඉඳලා මං කුණ්ඩලිනීවලට භයවුනා. මං මේ කිව්වේ දන්නෙ නැති එක්කෙනෙක් වැටෙන තැන්. ඊට පස්සේ මං ඔන්න ඒවත් අතඇරලා ආපහු මෙහේ ආවා.

නිරෝධය අරමුණු කිරීම....

ඊට පස්සේ මට ආරංචි වුනා ගල්ගමුව පැත්තේ එක්කෙනෙක් රහත් වෙලා, සුදු සිවුරක් ඇඳගෙන, කන්දක් උඩ මහ අව්වේ ඉර දිහා බලාගෙන භාවනා කර කර ඉන්නවා කියලා. මාත් ඉතින් ඒ වගේ දේවල් ආරංචි වුනාම බලන්න යනවා. එයා හිස රැවුල් බාලා හිටියේ. ටික කලක් ගියාම එයා සිවුරු ඇරලා ගියා. තව එක්කෙනෙක් මේ කෑගල්ල පැත්තේ නිරෝධ සමාපත්තිය උගන්වනවා කියලා මං එතනට ගියා. එතනට ගිහිල්ලා මං කිව්වා "මං භාවනාව ඉගෙන ගන්න ආවේ" කියලා. "මෙහේ භාවනා නෑ. මෙහේ උගන්වන්නේ නිරෝධයට අරමුණු වෙන්නයි. මෙහේ තියෙන්නේ විදර්ශනාව" කිව්වා.

එයා වයසක උපාසක මහත්තයෙක්. තව උපාසක අම්මලා කීප දෙනෙකුත් එතන භාවනා කර කර හිටියා. එතන කරන්නේ කිසිම අරමුණක් මෙනෙහි කරන්නෙ නැතුව නිකාම් ම ඉන්න දෙනවා. එතකොට ටික ටික හිත එකඟ වෙලා එයාගෙන් අරමුණු අතඇරෙනවා. ඊට පස්සේ එයා තමන් ඉන්නවද කියලා දන්නෙත් නෑ. ඒ විදිහට දවස් තුනක් නිරෝධයෙන් ඉන්න උගන්වනවා.

ඒ කාලේ ඉන්ටනෙට් තිබුණා නම්....

එතනදි එයා තමන් කියන දේ හරි කියලා ඔප්පු කරන්න සූත්‍ර උපුටා දක්ව දක්ව කතා කරනවා. මම ඇහුවා "ඕක වැරදියි නේද? නිරෝධ සමාපත්තියට සමවදින්න නම් අෂ්ට සමාපත්ති තියෙන්න ඕනෙ නේද?" කියලා. "ඔබවහන්සේ කවුද? ෂඩ් භාෂා පරමේශ්වර හාමුදුරුවරුත් ඇවිල්ලා මෙතන කතා කරලා මේක පිළිඅරගෙන ගියා"

කිව්වා. මං කිව්වා "ඒක ඒගොල්ලන්ගේ වැඩක්. මමත් මේ ධර්මය ඉගෙන ගත්තු එක්කෙනෙක්. උපාසක මහත්තයා, මේ ක්‍රමේ වැරදියි කියලයි මට හිතෙන්නේ" කියලා. ඒ කාලේ ඉන්ටර්නෙට් තිබුනා නම් ඔක්කොම එතනට යාවි නිරෝධය ගන්ට. ලෝකෙ වටේ ආරාධනා කර කර ගෙන්න ගනීවි.

මම කිව්වනෙ ඒ කාලේ මාත් එක්ක හිටියා කියලා හාමුදුරු කෙනෙක්. උන්වහන්සේ රහත් කියලා හිතාගෙන අවුරුදු පහයි හිටියේ. පස්වෙනි අවුරුද්ද වෙනකොට උන්වහන්සේ බුද්ධ දේශනාවට විරුද්ධ දෙයක් කිව්වා. දැන් කාලේ නම් පටන් ගන්නකොට ම බුද්ධ දේශනාවට විරුද්ධ දෙයක් කියනවනෙ 'ඔය අනිත්‍ය නෙවෙයි අනිත්‍ය... ඔය දුක නෙවෙයි දුක... ඔය අනාත්මය නෙවෙයි අනාත්මය...' කිය කිය. ඒක හරි ය කියලා අහන්න තරම් මේ මිනිස්සුන්ගේ මොළෙත් එච්චරටම අවුල් වෙලානෙ.

චේතනාව කර්මය නෙවෙයි....?

ඉතින් උන්වහන්සේ කිව්වා 'මේ චේතනාව කර්මය නෙවෙයි. කවුරුහරි චේතනාව කර්මය කියලා කියනවා නම් එයා මිසදිටුවෙක්' කියලා. මට තේරුනා මෙයාට වැරදුනා තමයි කියලා. හරියට ම රහත් කියලා අවුරුදු පහයි. මම එතකොට කිව්වා "ස්වාමීන් වහන්ස, ඕක කියන්න එපා. ඔය ශාස්තෘන් වහන්සේට කරන ගැරහීමක්" කියලා. තමුන්නාන්සේත් එක්ක මට කතා කරන්න දෙයක් නෑ කිව්වා. මං ඊට පස්සේ නිශ්ශබ්ද වුනා.

පස්සේ මොකක්හරි වෙලා මෙයාට තේරුනා තමන් රහත් කියලා හිතාගෙන හිටපු එක බොරුවක් කියලා.

තමන් හිතාගෙන හිටපු එක බොරු කියලා තේරිච්ච ගමන් එයාට වෙන දේ ගැනයි මං දැන් ඔබට කියන්නේ. ඒ වෙද්දි රහත් කියලා හිතාගෙන එයා මුදල් පරිහරණය කළේ නෑ, පිළිගන්නේ නැතුව වැළඳුවේ නෑ, සිල්පද ගැන හොඳ කල්පනාවෙන් හිටියා, ඔළුව උස්සලා බැලුවේ නෑ. එහෙම හිටපු කෙනා මේ. එකපාරට තේරුනා තමන් හිතාගත්තු එක වැරදියි කියලා. තේරිච්ච ගමන් ආවේගය ආවා. (මං කිව්වේ ආවේගයක් එන්නේ කියලා). ඔක්කොම අතඇරියා. ඉන්දියාවේ සැවැත්නුවරට ගියා. සැවැත් නුවර ඉන්නවා දානෙ හදන ළමයා නනකු කියලා. ඒ ළමයට සල්ලි දුන්නා පිජාමා එකයි කුර්තාවයි අරන් වරෙන් කියලා. සිවුරු ඇරලා පිජාමාවයි කුරුතාවයි ඇඳගෙන හිමාලෙට ගියා. සතෙකුට ගොදුරු වෙලා අපවත් වුනා.

මගඵල රැල්ලට හසුවන අයට වෙන දේ....

දැනුත් මේ මගඵල මගඵල කිය කිය රැල්ලක් යනවා. මේ රැල්ලට අහුවෙන අය අපි ඇත්ත කියනකොට අපට කැලෑ පත්තර එවනවා. දැඩි ආවේගයකින් නෙ මේගොල්ලෝ මේකට අතගහන්නේ. 'මේක ස්ථිර ම යි. දැන් රහතන් වහන්සේලා පහළ වෙලා. දැන් මගඵලලාභීන් හැමතැන ම ඉන්නවා. අපි මෙතෙක් කල් ඉගෙන ගත්තු එක වැරදියි. අනිත්‍ය දුක්ඛ අනාත්ම වැරදියි. අනිච්ච නෙවෙයි අනිච්ඡ. කැමැත්තට අනුව පවතින්නේ නැති එකයි ඔය කියන්නේ.

පටිච්ච සමුප්පාදෙ කියන්නේ වැරදියි. පටිච්ච කියන්නේ පටියට හිරවෙනවා වගේ එකක්' කියලා අමුතු විදිහට උගන්වනවා. ආවේගයට පත්වෙලා මේක තමයි හරි කියලා යනවා. දැන් කවුරුවත් කියන එකක් අහන්නෙ නෑ.

දෙමව්පියෝ කියන එකක් අහන්නෙත් නෑ. ගුරුවරු කියන එකක් අහන්නෙත් නෑ. ඊට පස්සේ මොකද වෙන්නේ, ඒගොල්ලන්ගේ එකම බලාපොරොත්තුව පිරිනිවන් පෑම නේ. රැකී රක්ෂාවල් අතඇරලා, දේපල වස්තුව විකුණලා, ඒවත් එතැනට ම දීලා ඔන්න මහණ වෙනවා.

බුද්ධ වචනය කෙරෙහි විශ්වාසය නැතුව යනවා....

පැවිදි වුනාට පස්සේ දැන් ධර්මය හැටියට කියන්නේ අර ටික. එතකොට මේ සත්‍ය වූ බුද්ධ වචනය කෙරෙහි තියෙන විශ්වාසය නැතුව යනවා. ඒගොල්ලෝ හිතන්නේ මේ බුද්ධ වචනය වැරදිලා, මේකට සංස්කෘත මිශ්‍ර කරලා කියලා. එතකොට ධර්ම විනයේ නායකත්වය නැතුව යනවා. පුද්ගලික විවරණයට තැන දෙනවා. බලන්න තව අවුරුදු පහකින් වෙන දේ. නුවණ පාවිච්චි කළේ නැත්නම් ලොකු පිරිසක් දිවි නසාගනීවි.

ආවේගයට පත්වෙලා ඔහේ දුවනවා මං ඉක්මනට මේක කරගන්න ඕනෙ කියලා. අපි මේ හැටවයස් පිරිච්ච මෝරපු අය. අවුරුදු තිහකට කලින් අපි වැටිච්ච වලේ මේ දැන් මිනිස්සු වැටෙනවා. ඒ කාලේ ඉන්ටනෙට් තිබුනේ නෑ. ෆේස්බුක් තිබුනේ නෑ. නමුත් වාසනාවට මං ඒවායෙන් වැළකි වැළකී බුද්ධ දේශනාවෙ ම එල්ලි එල්ලී හිටියා. මං හිතාගත්තා 'නෑ... මේ බුද්ධ දේශනාව ම යි හරි' කියලා.

පාළි ඉගෙනගෙන තිබීම වාසියක් වුනා....

අපේ වාසනාවට අපි සාමාන්‍ය පෙළ ලියද්දි පාළි ඉගෙන ගත්තා. උසස්පෙළ ලියද්දි පාළි ඉගෙන ගත්තා.

ඊළඟට මං විශ්ව විද්‍යාලේ සිංහල ගෞරව උපාධිය කළේ. ඊට පස්සේ දිගටම පාළි භාෂාවෙන් සූත්‍ර කියවන්න මං පුරුදු වෙලා හිටියා. ඒ නිසා මට ලොකු හානියක් වුනේ නෑ. ඒ කාලේ මාත් රැවටුනා තමයි. හැබැයි රැවටුනා කියලා තේරුනා. තේරිලා අතඇරියා. ගිහි ගෙදර වාසය කරන ඔබට එහෙම නිරවුල් වෙන්න හැකියාවක් නෑ. කවුරුහරි ධර්මය හැටියට මොකක්හරි කිව්වොත් ඒ කියපු එක හරි ද වැරදි ද කියලා තේරුම් ගන්න බොහෝ ගිහි පිරිසට හැකියාවක් නෑ.

කවුරුහරි අගය කරලා කතා කළොත් 'නෑ නෑ... ඕක හරියන්නේ නෑ. අසවල් තැනින් ඉක්මනට මගඵල හම්බ වෙනවා. අසවල් තැන ඉක්මනට හරියනවා' කියලා ඒ කියන කියන තැනට දුවනවා. බුදුරජාණන් වහන්සේ මෙහේ උපන්නා කියපු ගමන් ඒක අදහාගෙන යන්නත් පිරිසක් ඉන්නවනෙ. තමන්ගේ මිථ්‍යා දෘෂ්ටිය ඒගොල්ලෝ අනිත් අයට දෙන්නේ 'ඔයගොල්ලෝ බුද්ධිමත්... ඔයගොල්ලෝ සුබුද්ධි.... අනිත් අය දුබුද්ධි... ඔයගොල්ලන්ට වීරිය තියෙනවා. ඔයගොල්ලන්ට හැකියාව තියෙනවා. ඇයි ප්‍රමාදී වෙන්නේ? ඇයි ඉක්මනට මේක කරගන්නේ නැත්තේ?' කියලා අගය කරලා තමයි කියන්නේ. ඒ මොකක්ද? ආවේගය.

ආවේගයේ ප්‍රතිඵලය....

මේ කාලේ ආවේගයෙන් මුකුත් ගන්න බෑ. ආවේග යේ ප්‍රතිඵලය තමයි ඇත්ත කියන කෙනාවත් විනාශ කරන්නයි බලන්නේ. නැත්නම් මගඵල ලැබුවයි කියන අය අපට කැලෑ පත්තර එවයි යැ. ඒ වගේම සමහරු "මාර්ගඵලලාභී කෙනෙකුගෙන් ම යි බණ අහන්න ඕනෙ.

ආර්ය සමාධිය ලැබූ කෙනෙක් ම යි බණ කියන්න ඕනෙ" කියලා ඒ අදහස ස්ථිර කරන්ට සූත්‍රවලින් කරුණු උපුටා දක්වනවා. එතකොට අහගෙන ඉන්න අය තවත් මුළා වෙනවා. හැබැයි පාළියේ බැලුවොත් එහෙම අදහසක් ඒකේ නෑ. දන්නෙ නැති මිනිස්සු රැවටෙනවා. තව කියනවා, මගඵලලාභී අයගෙන් කිරණක් පිටවෙනවා. ඒ කිරණ නිසා නීවරණ යටපත් වෙනවා කියලා. ඒක නම් දිෂ්ටියක් වෙන්න ඕනෙ. නැත්නම් එහෙම වෙන්නේ නෑ.

ශාසන පරිහානිය....

මේ විදිහේ ඉරණමකට මිනිස්සු ඇදීගෙන යන එක ශාසන පරිහානියක්. ශාසනය කියලා කියන්නේ ඉවසීම, කරුණාව, දයාව, අනුකම්පාව, ගෞරවය කියන මේවා පුරුදු කිරීමත් එක්ක ලැබෙන එකක්. පිරිනිවන් මඤ්චකයේ වැඩසිටිද්දී බුදුරජාණන් වහන්සේ වදාළා තමන් වහන්සේගේ ඇවෑමෙන් ශාස්තෘ බවට පත්වෙන්නේ ධර්මයයි විනය යි කියලා. එහෙනම් ධර්මය විතරක් නෙවෙයි, විනයත් තියෙනවා. මං ඔබට කිව්වා අපිත් එක්ක හිටපු පැය අට සමාධියෙන් ඉන්න කෙනා, රහත් ඵලයට පත්වුනා කියලා කියපු කෙනා අන්තිමට ආවේගයට පත්වෙලා සිවුරුත් දාලා පිජාමාවයි කුර්තාවයි ඇඳගෙන කැලේ ගියා කියලා.

මේවා පෙනි පෙනී මං කොහොමද මගඵල දෙන්නේ? මං ඒ ගොඩේ ඉඳලා ආපු එක්කෙනෙක් නේ. මං කල්පනා කළේ 'මේක හරියන්නේ නෑ. තෙරුවන් සරණේ පිහිටාගෙන, බුද්ධ දේශනා ඉගෙනගෙන, ඒ කෙරෙහි හිත පහදාගෙන අහිංසකව යන්න ඕනෙ' කියලයි. මිනිස්සු පෘථග්ජන කියලා බැන්නට අපේ ඇඟේ

වදින්නෙ නෑනේ. ශ්‍රද්ධාව ඇතිකර ගැනිල්ලනේ මේකේ වැදගත් වෙන්නේ.

ආවේගයෙන් ප්‍රයෝජන ගන්න හොඳ නෑ....

කෘතිම විදිහට මගඵල ලබන්න ගිහිල්ලා අන්තිමට තමන්ට මුකුත් නෑ කියලා තේරිච්ච දවසට මේකෙන් පැනලා යන්න ඕන වෙනවා. එතකොට දිවිනසා ගන්නවා. මේක භයානක එකක්. මේ අනතුර තේරුම් අරගෙනයි අපි ධර්මය කියන්නේ. එහෙම නැතුව "අපි තමයි වැඩකාරයෝ... අපට තමයි මගඵල දෙන්න පුළුවන්... එන්න මෙහෙට... මං ඉක්මනට ඉක්මනට මගඵල දෙන්නම්... ඔබ මේ දැන් අධිෂ්ඨාන කරගන්න මගඵල ලබලා මිසක් නැගිටින්නේ නෑ..." කියලා මිනිස්සුන්ගේ ආවේගයෙන් ප්‍රයෝජන ගන්ට මට අවශ්‍යතාවයක් නෑ. මං අවුරුදු විසි පහකට කලින් ඒ ගොඩේ ඉඳලා ආපු එක්කෙනෙක්. මගේ වාසනාවට මං බේරිච්ච කෙනෙක්. මාත් කාලයක් හිතාගෙන හිටියා මගඵල තියෙනවා කියලා. කාලයාගේ ඇවෑමෙන් තේරුනා එහෙම නෑ කියලා.

මගඵල ලබනවා කියන්නේ සෙල්ලමක් නෙවෙයි....

අමතගවේසී හාමුදුරුවෝ අපවත් වෙන්ට කිට්ටුව මං උන්වහන්සේව බලන්න ගියා. ඒ වෙද්දි මං මහමෙව්නාව හදලා. ගිහිල්ලා වන්දනා කළාට පස්සේ උන්වහන්සේ මට "ඤාණානන්ද, තව මොකක්හරි පාරක් ඇති මේකට. ඔයාවත් මේක බලන්න" කිව්වා. (වෙන පාරක් නෑ. මේ දේශනා විතරයි.) ඒ වෙද්දි උන්වහන්සේ තේරුම් අරන් ඉවරයි තමන්ට වැරදුනා කියලා. එතකොට

අවසාන මොහොත. දැන් තේරුම් ගන්න මේ ධර්මය ඉගෙන ගන්නවා කියන්නේ සෙල්ලමක් නෙවෙයි කියලා. නිකම් මල්ල අරගෙන දුවගෙන ගිහිල්ලා, වාඩිවෙලා කඩෙන් බඩු ගන්නවා වගේ එකක් නෙවෙයි මේ. 'ආ... දැන් මං මෙහෙමයි... මම මේ වගේ සමාධියට පත්වුනා... මං මෙහෙම ධ්‍යානයට පත්වුනා...' කිය කිය හිටපු සමාජයකයි මම හිටියේ. ඒ සමාජය තමයි මම අතඇරියේ ඒක අනතුරුදායක නිසා. අපි මේ ධර්ම කරුණු කියන්නේ ඉවසීම ඇතිකරගැනීම, ගුණධර්ම ඇතිකරගැනීම, කෙළෙහිගුණ ඇතිකරගැනීම, ශාස්තෘන් වහන්සේව අඳුනාගැනීම ගැනයි.

බුද්ධිය සරණ යෑම....

මට මතකයි ඉස්සර ලංකාව පුරාම තිබුණා බුද්ධ සරණං ගච්ඡාමි කියන්නේ බුද්ධිය සරණ යෑමයි කියලා අදහසක්. අපි උස් හඬින් කිව්වා බුද්ධං සරණං ගච්ඡාමි කියන්නේ නව අරහාදී බුදු ගුණයන්ගෙන් යුතු, මහාමායා දේවියගේ කුසින් ලුම්බිණී සල් වනයේදී උපන්, බුද්ධගයාවේදී බුද්ධත්වයට පත්වෙච්ච, බරණැසදී දම්සක් පැවතුම් සූත්‍රය දේශනා කරපු, කුසිනාරාවේදී පිරිනිවන් පාපු අපේ ශාස්තෘන් වහන්සේවයි අපි සරණ යන්නේ කියලා. කිව්වට පස්සේ මිනිස්සු ඒක පිළිගත්තා. අද කවුරුහරි කිව්වොත් බුද්ධං සරණං ගච්ඡාමි කියන්නේ ඕකට නෙවෙයි කියලා ඒක පිළිගන්ටත් ලෑස්ති පිට පිරිසක් ඉන්නවා. මේ අවුල නම් සුළුපටු නෑ. හැබැයි මෙහෙන් නම් අවුල් කරන්නෙ නෑ. මං අවුලේ ඉඳලා ගොඩට ආපු එක්කෙනෙක්. තරුණ අය ආවේගයට ඔහේ යනවා. මේක ආවේගයක් එක්ක කරන්න බෑ.

කලන්දක නිවාපය හැදුන හැටි....

පින්වත්නි, අද අපි ඉගෙන ගන්නේ රථවිනීත සූත්‍රය. මේ සූත්‍රය රහතන් වහන්සේ නමකගේ දේශනාවක් ඇතුලත් එකක්. බුදුරජාණන් වහන්සේ ඒ කාලේ වැඩසිටියේ රජගහ නුවර වේළුවනයේ කලන්දක නිවාපයේ. කලන්දක නිවාප කියන්නේ ලේනුන්ට අභය දීපු තැන කියන එකයි. ඒකට හේතුවුන කතන්දරේ අටුවාවේ තියෙනවා.

ඉස්සර රජකෙනෙක් ඔය වේළුවනයට ගිහිල්ලා සුරාපානය කරලා මත්වෙලා ගහක් මුල නින්දට වැටිලා හිටියා. එතකොට රජ්ජුරුවන්ගේ සේවක සේවිකාවෝ රජ්ජුරුවෝ නිදි නිසා මොකද කළේ, මල් පලතුරු කඩන්ට එහෙට මෙහෙට ගියා. රජ්ජුරුවෝ තනි වුනා. ඔය වෙලාවේ දරුණු සර්පයෙක් ඒ වෘක්ෂයේ බෙනේ ඉඳලා රජ්ජුරුවෝ දිහාවට ආවා අර සුරා ගඳට.

ජාතිභූමිය කියන්නේ කොහේද...?

ඒ වෘක්ෂයේ හිටියා දේවතාවෙක්. ඒ දේවතාවා රජ්ජුරුවෝ බේරගන්ට ඕනෙ කියලා අදහස් කරගෙන ලේනෙකුගේ වේශයෙන් ඇවිල්ලා රජ්ජුරුවන්ගේ කන ළඟ ටිං ටිං කියලා නාද කළා. රජ්ජුරුවෝ ඇහැරුනා. ඇහැරිලා බැලින්නම් සර්පයෙක්. සර්පයා හැරිලා ගියා. රජ්ජුරුවෝ හිතුවා 'අනේ මාව බේරගත්තේ මේ ලේනා නොවැ. එහෙනම් ලේන්නු වෙනුවෙන් මං වනය වෙන් කරනවා' කියලා. එහෙමයි කලන්දක නිවාපය කියන එක හැදුනේ. ලේනුන්ගේ අභය භූමිය.

පස්සේ බිම්බිසාර රජ්ජුරුවෝ ඒක බුද්ධ ශාසනයට

පූජා කළා. ඉතින් බුදුරජාණන් වහන්සේ ඒ වේළුවනයේ වැඩඉන්නකොට ජාතිභූමියේ වස්වසපු භික්ෂූන් වහන්සේලා බොහෝ පිරිසක් බුදුරජාණන් වහන්සේව බැහැදකින්ට ආවා. ජාතිභූමිය ගැන හරි ලස්සනට මේ අටුවාවේ විස්තර කරනවා (**යස්ස පන ජාතදිවසේ දස සහස්සී ලෝකධාතු ඒකද්ධජමාලා විප්පකිණ්ණ කුසුමවාසචුණ්ණගන්ධසුගන්ධා සබ්බපාලිඵුල්ලම්ව නන්දනවනං විරෝචමානා පදුමිනිපත්තේ උදකබින්දු විය අකම්පිත්ථ**) යම්කිසි කෙනෙක් උපන්න දවසේ දස සහස්සී ලෝකධාතුව ම එකම මල්ගුලාවක් වගේ වෙලා, සුන්දර බවට පත්වෙලා, ආශ්චර්ය කරුණු පහළවුනා ද, ඒ මහා බෝධිසත්වයෝ උපන්න ප්‍රදේශයට කියන නම තමයි ජාතිභූමි. එහෙනම් ජාතිභූමි කියන්නේ කපිලවස්තුවට.

විඩූඩභගේ රථය එරුණු තැන හරි ද....?

ඒ කපිලවස්තුවේ නිග්‍රෝධාරාමයේ වස්වසපු භික්ෂූන් වහන්සේලා රජගහ නුවරට වැඩියා බුදුරජාණන් වහන්සේව බැහැදකින්න. හොඳට මතක තියාග න්න, කපිලවස්තුවේ ඉඳලා රජගහ නුවරට තියෙනවා යොදුන් හැටක්. (යොදුනක් කියන්නේ කිලෝමීටර් 10) කපිලවස්තුවේ ඉඳලා සැවැත් නුවරට තියෙනවා යොදුන් පහළොවක්. සැවැත් නුවර ඉඳලා රජගහ නුවරට තියෙනවා යොදුන් හතළිස් පහක්. එහෙනම් කපිලවස්තුවට ළඟ ම කොහෙද? සැවැත්නුවර යි.

දැන් දඹදිව වන්දනාවේ යන අයට රජගහ නුවරදි එක තැනක් පෙන්නනවා මේ තමයි විඩූඩභගේ රථය එරිච්ච තැන කියලා. මේ විස්තරේ කලින් දැනගත්තු නිසා මං ඒ විස්තර කරන අයට කිව්වා ඕක කියන්න එපා, ඕක

වැරදියි කියලා. රජගහ නුවර කියන්නේ මගධ රාජධානිය. සැවැත් නුවර කියලා කියන්නේ කොසොල් රාජධානිය. එතකොට කොසොල් රාජධානියේ රජා වෙන රාජ්‍යයක් හරහා යයිද තව රාජ්‍යයක් ආක්‍රමණය කරන්ට?

නොවිය හැකි දෙයක්....

දැන් ඔන්න විඩූඩභ කියන්නේ කෝසල රාජධානියේ රජතුමා. එයා හිටියේ කෝසල රාජධානියේ අගනුවර වුන සැවැත්නුවර යි. එයාට ඕන වුනා කපිලවස්තුව ආක්‍රමණය කරන්ට. සැවැත්නුවර ඉඳලා කපිලවස්තුවට යොදුන් පහළොවයි. රජගහ නුවර ඉඳලා කපිලවස්තුවට යොදුන් හැටයි. සැවැත්නුවර ඉඳලා රජගහ නුවරට යොදුන් හතළිස් පහයි. එතකොට විඩූඩභ යොදුන් හතළිස් පහක් දුර ගෙවාගෙන රජගහ නුවරට ගිහිල්ලා, රජගහ නුවරින් කපිලවස්තුවට යාවිද? මම ඒ කාලෙම කිව්වා මේක වැරදියි, මේක කියන්ට එපා කියලා. රටක් මැද්දෙන් තව රටක් ආක්‍රමණය කරන්න යන්න දෙන්නේ නෑ.

ඤාතීන් ගැන ඇහුවේ නෑ....

ඉතින් යොදුන් හැටක් දුර ගෙවාගෙන කපිලවස්තුවේ ඉඳලා භික්ෂූන් වහන්සේලා බුදුරජාණන් වහන්සේව බැහැදකින්ට රජගහ නුවර වේළුවනයට ආවා. ඇවිල්ලා බුදුරජාණන් වහන්සේට වන්දනා කළා. එතකොට බුදුරජාණන් වහන්සේ ඒ භික්ෂූන් වහන්සේලාගෙන් "දැන් අපේ ඤාති පිරිස හොඳින් ඉන්නවාද? සුද්ධෝදන රජ්ජුරුවෝ, ප්‍රජාපතී ගෞතමී දේවිය, ශුක්ලෝදන, ධෝතෝදන, අමිතෝදන ආදී අය හොඳින් ඉන්නවද?" කියලා ඤාතීන් ගැන ඇහුවේ නෑ.

ජාතිභූමිය ගුණයෙන් සුවඳවත් කළ මුනිඳුන්....

බුදුරජාණන් වහන්සේ බොහොම ලස්සන ප්‍රශ්නයක් අහනවා ඒ භික්ෂූන් වහන්සේලාගෙන්. "මහණෙනි, ඔය ජාතිභූමියේ (කපිලවස්තුවේ) භික්ෂූන් අතර මහත් පිළිගැනීමට භාජනය වෙච්ච කෙනෙක් ඉන්නවා නේද? තමාත් අල්පේච්ඡ වෙලා අල්පේච්ඡතාවය ගැන කිය කිය ඉන්නවා. තමාත් ලද දෙයින් සතුටු වෙලා ලද දෙයින් සතුටු වීම ගැන කියනවා. තමාත් හුදෙකලා විවේකයේ යෙදෙමින් හුදෙකලා විවේකය ගැන කියනවා. තමාත් අන් අය සමග එකතු වෙන්නෙ නැතුව ඉඳලා අන් අය සමග එක් නොවීම ගැන කියනවා. තමාත් පටන් ගත් වීරියෙන් යුක්තව ඉඳලා අන් අයට වීරියෙන් යුක්ත වීම ගැන කියනවා.

තමාත් සීලසම්පන්නව ඉඳලා අන් අයට සීලය ගැන කියනවා. තමාත් සමාධියෙන් යුක්තව ඉඳලා අන් අයට සමාධිය ගැන කියනවා. තමාත් ප්‍රඥාවෙන් යුක්තව ඉඳලා අන් අයට ප්‍රඥාව ගැන කියනවා. තමාත් විමුක්තියෙන් යුක්තව ඉඳලා අන් අයට විමුක්තිය ගැන කියනවා. තමාත් විමුක්ති ඥාණදර්ශනයෙන් යුක්තව ඉඳලා අන් අයට විමුක්ති ඥාණදර්ශනය ගැන කියනවා. **(ඕවාදකෝ)** සබ්‍රහ්මචාරීන් වහන්සේලාට නිතර අවවාද කරන, **(විඤ්ඤාපකෝ)** කරුණු දැනුවත් කරන, **(සන්දස්සකෝ)** කරුණු ඉස්මතු කොට පෙන්වන, **(සමාදපකෝ)** කරුණු සමාදන් කරවන, **(සමුත්තේජකෝ)** එහි උද්‍යෝගිමත් කරන, **(සම්පහංසකෝ)** එහි ප්‍රබෝධමත් කරලා සතුටු කරවන කෙනෙක් ඉන්නවද?" කියලා අහනවා.

මන්තාණිපුත්ත පුණ්ණ රහතන් වහන්සේ....

එතකොට ඒ භික්ෂූන් වහන්සේලා කියනවා "එහෙමයි ස්වාමීනී, අපගේ ආයුෂ්මත් මන්තාණිපුත්ත පුණ්ණයන් වහන්සේ තමයි ජාතිභූමියේ ඔය කියන ගුණයන්ගෙන් යුක්තව වැඩඉන්නේ. (මන්තාණිපුත්ත පුණ්ණයන් වහන්සේට ශිෂ්‍ය භික්ෂූන් වහන්සේලා පන්සිය නමක් හිටියා). ජාතිභූමියේ සබ්‍රහ්මචාරී භික්ෂූන් වහන්සේලා අතර උන්වහන්සේ මේ විදිහට සම්භාවනාවට පාත්‍ර වෙලා ඉන්නවා. තමනුත් අල්පේච්ඡව ඉඳගෙන අල්පේච්ඡතාවය ගැන කතා කරනවා. තමනුත් ලද දෙයින් සතුටු වෙලා ඉඳගෙන ලද දෙයින් සතුටු වීම ගැන කතා කරනවා. තමනුත් හුදෙකලා විවේකයේ ඉඳගෙන හුදෙකලා විවේකය ගැන කතා කරනවා. තමනුත් කිසිවකට නොබැඳී ඉඳගෙන කිසිවකට නොබැඳී සිටීම ගැන කතා කරනවා. තමනුත් වීරියෙන් යුක්තව ඉඳගෙන වීරිය ගැන කතා කරනවා.

තමනුත් සිල්වත් වෙලා සීලය ගැන කතා කරනවා. තමනුත් සමාධිය උපදවාගෙන සමාධිය ගැන කතා කරනවා. තමනුත් ප්‍රඥාව උපදවාගෙන ප්‍රඥාව ගැන කතා කරනවා. තමනුත් විමුක්තිය උපදවාගෙන විමුක්තිය ගැන කතා කරනවා. තමනුත් විමුක්ති ඤාණදර්ශනය උපදවාගෙන විමුක්ති ඤාණදර්ශනය ගැන කතා කරනවා කියලා. මෙතන විස්තර වෙන්නේ පින්වත්නි, දස කථාව ගැනයි. මොනවද ඒ දස කථා? අප්පිච්ඡ කථා, සන්තුට්ඨී කථා, පවිවේක කථා, අසංසග්ග කථා, විරියාරම්භ කථා, සීල කථා, සමාධි කථා, පඤ්ඤා කථා, විමුත්ති කථා, විමුත්ති ඤාණදස්සන කථා.

අල්පේච්ඡතාවය හතර ආකාරයි....

අල්පේච්ඡතාවය කියලා අපි සාමාන්‍යයෙන් කියන්නේ ආශාවන් අඩුබවට. ඒ ආශාවන් අඩුබව හතර ආකාරයකින් භික්ෂුවකට තියෙනවා. පළවෙනි එක ප්‍රත්‍ය අල්පේච්ඡතාවය. ප්‍රත්‍ය කියන්නේ ජීවිතය පහසුවෙන් පවත්වාගෙන යන්න උපකාර වෙන දේවල්. ඒ තමයි චීවර, පිණ්ඩපාත, සේනාසන, ගිලන්පස - බෙහෙත්. මේවා ගැන ලොකුවට බලාපොරොත්තු තියාගන්නේ නැතුව, ගොඩගහගන්නේ නැතුව බොහොම සුළු දේකින් සතුටු වෙලා යැපෙනවා නම් ඒක ප්‍රත්‍ය අල්පේච්ඡතාවය යි.

දෙවෙනි එක ධුතාංග අල්පේච්ඡතාවය. ධුතාංග කියලා කියන්නේ කෙලෙස් තවන ප්‍රතිපදා. භික්ෂූන් වහන්සේලා ඒවා සමාදන් වෙලා ඉඳලා තියෙනවා බුද්ධකාලේ ඉඳලම. තුන් සිවුරෙන් පමණක් යැපීම, පිණ්ඩපාතයෙන් පමණක් යැපීම, රුක්මුල්වල පමණක් වාසය කිරීම, පාත්‍රයේ පමණක් දන් වැළඳීම ආදී වශයෙන් ධුතාංග දහතුනක් තියෙනවා.

තමන්ගේ ගුණ සැඟවීම....

ධුතාංග අල්පේච්ඡතාවය කියන්නේ මොකක්ද කියලා පැහැදිලි කරන්න උදාහරණ දක්වලා තියෙනවා. භික්ෂූන් වහන්සේලා දෙනමක් චාරිකාවේ වඩින ගමන් අතරමග තිබුණ එක්තරා කුටියක නවාතැන් ගත්තා. එක භික්ෂූන් වහන්සේ නමක් නේසජ්ජිකංගය සමාදන් වෙලා හිටියා. ඒ කියන්නේ සැතපෙන ඉරියව්ව අත්හැරලා ඉන්නේ. අනිත් නම ඇඳේ සැතපිලා ඉන්නවා, හැබැයි තාම නින්ද ගිහිල්ලා නෑ.

එකපාරට විදුලියක් කොටද්දි ඒ භික්ෂුව දැක්කා අනිත් භික්ෂූන් වහන්සේ ඇඳ උඩ වාඩිවෙලා ඉන්නවා. දැකලා ඇහුවා "ස්වාමීනී, ඔබවහන්සේ නේසජ්ජිකංගය සමාදන් වෙලා ද ඉන්නේ?" කියලා. එතකොට ම උන්වහන්සේ සැතපුනා. අන්න ඒකට තමයි ධුතාංග අල්පේච්ඡතාවය කියන්නේ. තමන්ගේ ගුණය සඟවනවා. ටික වෙලාවකින් පස්සේ අර ස්වාමීන් වහන්සේට නින්ද ගිහිල්ලා කියලා තේරුනාම ආයෙ නැගිටලා වාඩිවුනා. ආයෙමත් ධුතාංගය අධිෂ්ඨාන කරගත්තා. ඒ වගේ අවස්ථාවලදී එහෙම වුනා කියලා ධුතාංග ගුණයට හානියක් වෙන්නේ නෑ කියලා සඳහන් වෙනවා.

අල්පේච්ඡතාවය හඳුනාගන්න....

තව අවස්ථාවක චේතිය පබ්බතයේ (මිහින්තලේ) සහෝදර භික්ෂූන් වහන්සේලා දෙනමක් ඉඳලා තියෙනවා. එක නමක් සමාදන් වෙලා තියෙනවා ඒකාසනිකංගය. ඒ කියන්නේ එක ආසනයක විතරක් වාඩිවෙලා වළඳලා නැගිට්ටට පස්සේ ආයෙ මුකුත් වළඳන්නේ නෑ. දැන් එහෙම හිතින් අධිෂ්ඨාන කරගෙන පුරුදු කරනවා. කවුරුත් දන්නෙ නෑ. දවසක් ඒ ස්වාමීන් වහන්සේ වළඳලා ඉවර වෙලා නැගිට්ටට පස්සේ අනිත් සහෝදර ස්වාමීන් වහන්සේට උක් දණ්ඩක් හම්බ වෙලා ඒකත් අරගෙන ආවා. ඇවිල්ලා අහනවා "ස්වාමීනී, මේ උක් දණ්ඩ වළඳනවද?" කියලා. "මට එපා. ආයුෂ්මතුන් වළඳන්න... මං දැන් වැළඳුවනෙ. මට ඇති" කියලා කිව්වා.

එතකොට සහෝදර ස්වාමීන් වහන්සේ අහනවා "ඒ කියන්නේ ඔබවහන්සේ ධුතාංග සමාදන් වෙලාද ඉන්නේ?" කියලා. "ආ... කෝ දෙන්න" කියලා උක්දණ්ඩ

ඉල්ලගෙන වළඳනවා. මේකේ තියෙනවා මේ සිද්ධිය වෙනකොට උන්වහන්සේ අවුරුදු පනහක් තිස්සේ ඒ ධුතාංගය සමාදන් වෙලා ඉඳලා තියෙනවා කියලා. නමුත් උන්වහන්සේ ඒක සඟවාගෙන හිටියා. එහෙනම් මේ ධර්ම මාර්ගයේ යන්න තියෙන්නේ ගුණ පෙන්න පෙන්න ද, ගුණ සඟව සඟව ද? ආන්න අල්පේච්ඡතාවය.

බහුශ්‍රැත බවින් මත් වෙන්න හොඳ නෑ....

ඊළඟට අනුරාධපුරයේ වැඩඉඳලා තියෙනවා සෝසානික මහාකුමාර කියලා තෙරුන් වහන්සේ නමක්. උන්වහන්සේ සොහොනේ භාවනා කිරීම (සෝසානිකංගය) සමාදන් වෙලා හිටියා පනස් අවුරුද්දක්. කවුරුත් දන්නෙ නෑ. මේවට කියන්නේ ධුතාංග අල්පේච්ඡතාවය කියලා. එතකොට බලන්න බුදුරජාණන් වහන්සේගේ ශ්‍රාවක සංඝයා අල්පේච්ඡතාවය පුරුදු කරපු හැටි.

තුන්වෙනි එක පර්යාප්ති අල්පේච්ඡතාවය. භික්ෂුව බහුශ්‍රැතයි. නමුත් කවුරුවත් දන්නෙ නෑ බහුශ්‍රැතයි කියලා. ඒ බහුශ්‍රැත භාවය මුල්කරගෙන නිහතමානී බව නැතිකරගෙන නෑ. ඒකට උදාහරණය හැටියට මේකේ තියෙනවා සාකේතතිස්ස තෙරුන් වහන්සේ ගැන විස්තරයක්. උන්වහන්සේ බහුශ්‍රැතයි. හැබැයි ඒ බහුශ්‍රැත භාවය පිටට අඟවන්ට කැමති වුනේ නෑ.

ධර්මයේ ප්‍රතිඵල ගුණවතුන්ට පමණයි....

උන්වහන්සේට දවසක් භික්ෂුවක් දොස් කියනවා ඔබවහන්සේට මැරෙන්ටවත් අවස්ථාවක් තියෙයි ද දන්නෙ නෑ ඔය විදිහට අනුන්ට බණ කිය කිය ඉඳීමෙන් කියලා. එතකොට උන්වහන්සේ පිරිසෙන් වෙන් වෙනවා.

වෙන්වෙලා කණිකාරවාලිකසමුද්ද විහාරය කියන තැනට ගිහිල්ලා ස්ථවිර භික්ෂූන් වහන්සේලාට වන්දනා කරගෙන මොකාක්වත් දන්නෙ නැති භික්ෂුවක් වගේ වාසය කරනවා. වාසය කරලා සමථ විදර්ශනා වඩලා ඒ කාලය තුළ උන්වහන්සේ රහත් ඵලයට පත්වෙනවා.

හතරවෙනි එක අධිගම අල්පේච්ඡතාවය. තමන් මගඵලලාභියෙක් බව අනිත් අය දැනගන්නවට කැමති නෑ. කාශ්‍යප බුදුරජාණන් වහන්සේගේ කාලේ හිටියා ඝටීකාර කියලා අනාගාමී උපාසකයෙක්. හැබැයි කවුරුවත් දන්නෙ නෑ එයා අනාගාමී බව. එයා කුඹල්කරුවෙක්. එතුමා තමයි දැන් ඝටීකාර බ්‍රහ්මරාජයා නමින් බඹලොව ඉන්නේ. මේ කාලේ මම සෝවාන්, මම සකදාගාමී කිය කිය අපට කැලෑ පත්තර එවනවා. බලන්න කොච්චර වෙනස් ද කියලා. අධිගම අල්පේච්ඡතාවය කියන්නේ තමන් මගඵල ලබලා, හැබැයි මගඵල ලැබූ බව වෙන කවුරුවත් ම දන්නෙ නෑ. ඒ කියන්නේ ඒක සඟවාගෙන වාසය කරනවා සාමාන්‍ය කෙනෙක් වගේ. උදාහරණයට තියෙන්නේ (**අයං අධිගම අප්පිච්ඡෝ නාම ඝටීකාරෝ කුම්භකාරෝ විය**) ඝටීකාර කුඹල්කරුවා වගේ කියලා.

කස්සප බුදු සසුනේ - උවසු අගතැන් දැරුවේ....

ඝටීකාර කුඹල්කරුවා වේයෝ අත්හැරලා ගිය තුඹස් හොයාගෙන ගිහිල්ලා, ඒ තුඹස් බිඳලා ඒවායෙන් මැටි අරගෙන, වළං පිඟන් හදලා ඒ හැලි වළං තමන්ගේ ගේ ඉස්සරහ තියනවා. තියලා කියනවා හාල් සේරුවක් දීලා මේක අරගෙන යන්න, පොල් ගෙඩියක් දීලා මේක අරන් යන්න, එළවලු ටිකක් දීලා මේක අරන් යන්න

කියලා. මුදල් පරිහරණය කරන්නෙ නෑ. කවුරුවත් දන්නෙ නෑ මුදල් පරිහරණය කරන්නෙ නැති බව. මිනිස්සුත් බඩුමුට්ටු ගෙනත් දීලා ඒ වළං ටික අරගෙන යනවා. ඒ ලැබෙන දේවල්වලින් මෙයා තමන්ගේ අන්ධ දෙමව්පියන්ට උපස්ථාන කරගෙන වාසය කරනවා.

සටීකාර කුඹල්කරුවගේ යාලුවෙක් තමයි ජෝතිපාල බ්‍රාහ්මණයා. ඒ අපේ මහ බෝධිසත්වයෝ. ජෝතිපාල බ්‍රාහ්මණයාව නාන්න එක්කරගෙන ගිහිල්ලා අපේ කාශ්‍යප බුදුරජාණන් වහන්සේව බලන්න යං කියලා කිව්වනෙ. ජෝතිපාල යන්න බෑ කිව්වා. කොණ්ඩෙන් ඇදලා කිව්වා යං කියලා. ඊට පස්සේ තමයි දමනය වෙලා ගියේ.

මමයි ඊළඟට බුදු වෙන්න ඉන්නේ...!

ඒ ජෝතිපාල බ්‍රාහ්මණයා කාශ්‍යප බුද්ධ ශාසනයේ පැවිදි වුනා. පැවිදි වෙලා කිව්වද 'මමයි ඊළඟට බුදු වෙන්න ඉන්නේ. කවුද මහාමායා..? ආ... සුද්ධෝදන එන්න... කෝ... මට විසාඛා වෙන එක්කෙනා එන්න. මට අනාථපිණ්ඩික වෙන එක්කෙනා එන්න... කෝ.... බිම්බිසාර' කිය කිය මෙහෙම පිරිස හෙව්වද? නෑ. ඒකේ සඳහන් වෙන්නේ කාශ්‍යප බුද්ධ ශාසනය බැබළෙව්වා කියලයි.

ඒක මේ වගේ එකක්. ඔන්න කෙනෙක් දුකසේ කාන්තාරයක ළිඳක් කැපුවා. මේ කාන්තාරය හරහා පිපාසයෙන් පීඩිතව, දුකේ හරිත වෙලා යන අය අර ළිඳ ගාවට ගිහිල්ලා වතුර බීලා පිපාසය නිවාගෙන සැනසෙනවා. ඔතනට තව එක්කෙනෙක් ඇවිල්ලා කියනවා "මේ මේ... මමත් දවසක මේ කාන්තාරයේ

ළිඳක් කපනවා. එදාට වතුර බොන්න කැමති අය අත උස්සන්න" කියලා. ඒක හරි ද? ඒක ද කරුණාව? ඒක ද දයාව? එයාට අනුකම්පාව තියෙනවා නම් කරන්න ඕනෙ මොකක්ද? වහ වහා මේ ළිඳෙන් වතුර බොන්න කියලා දුකට පත්වෙච්ච මිනිස්සුන්ට ඒ ළිඳ පෙන්වන්න ඕනෙ.

ලෝකයාට කිව යුත්තේ මගඵල නොව ධර්මය යි....

අපි කියපු තමන්ට ළිඳක් කපන අදහස තියෙනවා කියලා. ඒක හංගගන්න ඕනෙ. ඒක තමයි අල්පේච්ඡ බව. "මං බුදුබව පතනවා. මගේ ළඟට එදාට එන්න" කියලා කිව්වොත් ඒක අල්පේච්ඡතාවයට අයිති නෑ. අපි දැන් විස්තර කළානේ අල්පේච්ඡතා හතරක් ගැන. ප්‍රත්‍ය අල්පේච්ඡතාවය (සිව්පසය කෙරෙහි නොඇලුණු බව). ධුතාංග අල්පේච්ඡතාවය (ධුතාංග සඟවාගෙන සිටීම). පර්යාප්ති අල්පේච්ඡතාවය (තමන්ගේ දැනුම, උගත්කම සමාජයෙන් ප්‍රශංසා ලබන්න පාවිච්චි නොකිරීම). දැනුම උගත්කම ප්‍රශංසා ලබන්න පාවිච්චි කරනවා නම් ඒක මහේච්ඡතාවය.

උදාහරණයක් හැටියට මේකේ කියනවා (**යෝ පන සාකේතක තිස්සත්ථේරෝ විය බහුස්සුතභාවං ජානාපේතුං න ඉච්ඡති. අයං පරියත්ති අප්පිච්ඡෝ**). සාකේතයේ වැඩහිටපු තිස්ස තෙරුන් වහන්සේ වගේ තමන්ගේ බහුශ්‍රැත භාවය අන්‍යයන්ට දැනුවත් කරන්ට කැමති නෑ. ඒක පර්යාප්ති අල්පේච්ඡතාවය. කවදාවත් රහතන් වහන්සේලා 'මම චතුපටිසම්භිදාලාභීයි... මම මෙහෙමයි... මට මේ මේ ඤාණ තියෙනවා...' කිය කිය යන්නෙ නෑ. ඊළඟ එක අධිගම අල්පේච්ඡතාවය. තමන්ට

තියෙනවා නම් ධ්‍යාන අභිඥා මගඵල, ඒවා ගැන පිටස්තර ලෝකයාට කිය කිය යන්නේ නෑ. පිටස්තර අයට වැදගත් වෙන්නේ ඒක නෙවෙයි, භාග්‍යවතුන් වහන්සේ වදාළ ධර්මය ම යි.

මහිච්ඡතාවය දුරුකරන්න....

මේ අල්පේච්ඡතා හතරෙන් ම යුක්තයි මන්තාණිපුත්ත පුණ්ණ මහරහතන් වහන්සේ. ඒ වගේම අන් අයවත් අල්පේච්ඡතාවයේ සමාදන් කෙරෙව්වා. එතකොට උන්වහන්සේගේ ශිෂ්‍ය භික්ෂූන් වහන්සේලාත් මේ අල්පේච්ඡතාවය පුරුදු නොවී ඉඳයි ද. අල්පේච්ඡතාවයේ පිහිටලා අල්පේච්ඡතාවය කතා කරනවා (**අප්පිච්ඡ කථා**). ඒක තමයි දස කථාවේ පළවෙනි එක. කවුරුහරි කිව්වොත් එහෙම 'නෑ නෑ... ඔයගොල්ලෝ හොඳට මතක තියාගන්න. මට මේ කන්දත් පේනවා. ඒ කන්දත් පේනවා. අර කන්දත් පේනවා. හංගන්න නම් බෑ. ඔයගොල්ලෝ දුර කතා කළ දේත් මට ඇහෙනවා. ළඟ කතා කළ දේත් මට ඇහෙනවා. මගෙන් බේරෙන්න බෑ ඕං...' කියලා ඒක මහිච්ඡතාවය.

ලද දෙයින් සතුටු වීම පුරුදු කරන හැටි....

ඊළඟට පුණ්ණ මහරහතන් වහන්සේ ලද දෙයින් සතුටු වුනා. ලද දෙයින් සතුටු වීම තුන් ආකාරයි. (**යථාලාභ සන්තෝසෝ, යථාබල සන්තෝසෝ, යථාසාරුප්ප සන්තෝසෝ**). යථාලාභ සන්තෝෂය කියන්නේ ලැබුණු සිවුර හොඳ එකක් හෝ වේවා, හොඳ නැති එකක් හෝ වේවා ඒ ලැබිච්ච දෙයින් සතුටු වෙනවා. යථාබල සන්තෝෂය කියන්නේ තමන්ට ලැබුණු සිවුරු සංඝයාට

පූජා කරලා, සංඝයා දෙන දෙයක් ගන්නවා. යථාසාරුප්ප සන්තෝෂය කියන්නේ, අපි කියමු පුණ්‍යවන්ත භික්ෂූන් වහන්සේලාට හොඳ හොඳ සිවුරු ලැබෙනවා. එතකොට උන්වහන්සේලා ඒවා වැඩිහිටි සංඝයාට, ගිලන් භික්ෂූන්ට, බහුශ්‍රැත භික්ෂූන්ට පූජා කරනවා. පූජා කරලා තමන්ට ලැබිච්ච සුළු දේකින් සතුටු වෙනවා.

ඊළඟට තමන්ට ලැබුනා නම් මොනවහරි රළු හෝ ප්‍රණීත හෝ පිණ්ඩපාතයක් ඒකෙන් සතුටු වෙනවා. ඒක යථාලාභ සන්තෝසෝ. තමන්ට ලැබිච්ච පිණ්ඩපාතය සංඝයාට පූජා කරලා සංඝයා දෙන එකක් ගන්නවා. ඒක යථාබල සන්තෝසෝ. තමන්ට ලැබෙන ප්‍රණීත පිණ්ඩපාතය සංඝයාට බෙදලා, ඉතුරු වෙන දෙයක් වළඳලා සතුටු වෙනවා. ඒක යථාසාරුප්ප සන්තෝසෝ.

මහා ගුණ කඳක්....

තමන්ට කුමන ආකාරයේ කුටියක් හම්බ වුනත් ඒ ලැබිච්ච එකෙන් සතුටු වෙනවා (යථාලාභ සන්තෝසෝ). තමන්ගේ කුටිය සංඝයාට දීලා සංඝයා දෙන කුටියක ඉන්නවා (යථාබල සන්තෝසෝ). තමන්ට හොඳ හොඳ කුටි ගොඩක් හම්බ වෙනවා. ඒවා සංඝයාට දීලා වෙනත් කුටියක වාසය කරමින් සතුටු වෙනවා (යථාසාරුප්ප සන්තෝසෝ). ඒ වගේම ගිතෙල් මීපැණි වෙඬරු ආදී වටිනා බෙහෙත් හම්බ වුනාම ඒවා අනිත් සංඝයාට පූජා කරලා, තමන් බෙහෙත් අරළු ආදිය දාපු පූතිමුත්ත භේසජ්ජයෙන් සතුටු වෙනවා. අන්න ඒ තුන් ආකාරයට තමයි සිවුරු පිණ්ඩපාත සේනාසන බෙහෙත් කියන ප්‍රත්‍ය හතර ම පාවිච්චි කරන්නේ. ඉතින් පුණ්ණ මහරහතන් වහන්සේ ඒ විදිහට තමන්ට ලැබිච්ච දේකින් සතුටු වෙලා,

අන් අයවත් ලද දෙයින් සතුටු වීමේ සමාදන් කරනවා.

හුදෙකලා විවේකයෙන් වාසය කිරීම....

ඊළඟ එක පවිවේක කථා. පවිවේකය තුන් ආකාරයි. කාය පවිවේක, චිත්ත පවිවේක, උපධි පවිවේක. කාය පවිවේක කියලා කියන්නේ තනියම වාසය කරනවා, තනියම යනවා, තනියම ඉන්නවා, තනියම සැතපෙනවා, තනියම පිණ්ඩපාතෙ වඩිනවා, තනියම සක්මන් කරනවා. එහෙනම් ශිෂ්‍ය පිරිස පන්සීයක් හිටියාට පුණ්ණ මහරහතන් වහන්සේ වැඩඉඳලා තියෙන්නේ තනියම. ඒක කාය පවිවේකය.

චිත්ත පවිවේක කියලා කියන්නේ අෂ්ට සමාපත්ති. ඒ කියන්නේ රූප ධ්‍යාන හතරයි අරූප ධ්‍යාන හතරයි ලබාගෙන වාසය කළා. තුන්වෙනි එක උපධි පවිවේක. උපධි කියන්නේ කෙලෙස්. කෙලෙස්වලින් විවේක ගන්නවා. කෙලෙස්වලින් නිදහස් වෙනවා. ඒක නිවන. පුණ්ණ මහරහතන් වහන්සේ මේ ත්‍රිවිධ විවේකයෙන් යුක්තව වාසය කළා. ඒ වගේම ඒ විවේකයට පිරිස සමාදන් කෙරෙව්වා. ඒකට කියන්නේ පවිවේක කථා කියලා.

පස් ආකාර සංසර්ග....

ඊළඟ එක අසංසග්ග කථා. සංසර්ග කියන්නේ එකතු වෙනවා. සංසර්ග පහක් තියෙනවා. ශ්‍රවණ සංසර්ග, දර්ශන සංසර්ග, සමුල්ලපන සංසර්ග, සම්භෝග සංසර්ග, කාය සංසර්ග. ශ්‍රවණ සංසර්ගය කියන්නේ ළාමක දේවල් අහ අහ ඒකෙන් සතුටු වෙවී සිටීම. දර්ශන සංසර්ගය කියන්නේ ළාමක දේවල් බල බලා එයින් සතුටු වෙවී සිටීම. දැන් කාලෙ නම් ඒක හරියට තියෙනවනෙ. ෆෝන්

තියාගෙන ජරාව බල බල ඉන්නවා. ඉන්ටනෙට් ගිහිල්ලා ජරාව බල බල ඉන්නවා. හොරෙන් එක එක ඒවා බල බල ඉන්නවා.

සමුල්ලපන සංසර්ගය කියන්නේ තවත් කෙනෙක් එක්ක කතා කර කර එයින් සතුටු වෙවී සිටීම. අපි කියමු භික්ෂුවක් ෆෝන් එකක් තියාගෙන හොරෙන් ස්ත්‍රියක් එක්ක කතා කර කර හිටියොත් අන්න ඒක සමුල්ලපන සංසර්ගය. නිවන් මගට ඒකාන්ත බාධාවක් ඒක. ඊළඟට සම්භෝග සංසර්ගය කියන්නේ තමන්ට භික්ෂුණියක් හෝ කාන්තාවක් දෙන දෙයක් ඒ දෙන කෙනා කෙරෙහි බැඳුණු සිතින් පරිභෝග කිරීම.

සාමණේරිගේ පාත්තර තැටිය....

අපි කියමු කාන්තාවක් භික්ෂුවකට පාත්තරයක් හෝ සිවුරක් දෙනවා 'ස්වාමීනී, මේක මං වෙනුවෙන් පරිහරණය කරන්න' කියලා. එතකොට අර ස්ත්‍රියට බැඳුණු සිතින් ඒ පාත්තරේ හෝ සිවුර පාවිච්චි කරනවා 'අනේ මේ අසවල් නෝනා පූජා කරපු එක නේ' කියලා. ඒකේ භයානකකම ගැන විස්තර කරනවා උදාහරණයකින් මේ විදිහට. මිරිසවැටිය මහාසෑය පූජා කරන උත්සවයට භික්ෂූන් වහන්සේලා ලක්ෂයකුත් භික්ෂුණීන් වහන්සේලා අනූදාහකුත් වැඩියා. ඒ දුටුගැමුණු රජ්ජුරුවන්ගේ කාලේ. රහතන් වහන්සේලා වැඩඉන්න කාලේ.

ඒ උත්සවයේදී සත් හැවිරිදි සාමණේර නමක් රස්නෙට කැඳ වගයක් හම්බ වෙලා ඒක පාත්තරේක දාගෙන දැන් යනවා අතත් පිච්චි පිච්චි. අත පිච්චෙන නිසා අත ගස්ස ගස්ස යනකොට සිවුරු කොණ පාත්වෙනවා. මේක දකිනවා එතන හිටපු තව පොඩී සාමණේරියක්. ඒ

සාමණේරිත් සත් හැවිරිදියි. 'ස්වාමීනී, අත පිච්චෙනවා නේද? මේක තියාගන්න.' කියලා සාමණේරිගේ පාත්තර තැටිය දෙනවා. ඒ පාත්තර තැටිය උඩ පාත්තරේ තියාගෙන සිවුරත් හදාගෙන අර පොඩිනම අරගෙන යනවා. ඔන්න එච්චරයි දැක්කේ.

හැට පැනපු පැවිදි ජෝඩුව....

කාලෙකට පස්සේ මෙහේ ඉතින් මොනවාහරි ප්‍රශ්න වෙලා මේ සාමණේරියි මෙහෙණින් වහන්සේලායි දකුණු ඉන්දියාවට ගිහිල්ලා වාසය කරනවා. සඟ පිරිසකුත් යනවා අවුරුදු ගාණකට පස්සේ. ඒ සඟ පිරිස අතර අර එදා සත්හැවිරිදිව හිටපු සාමණේරයන් වහන්සේත් යනවා. ඒ වෙද්දි උන්වහන්සේට වයස හැටක්. අර භික්ෂුණියටත් වයස හැටක්. ඒ වෙද්දිත් අර තැටිය තමයි තියාගෙන ඉන්නේ. බලන්න මේකේ බරපතලකම. ඔන්න දවසක් එක්තරා ආරාමෙකදි මේ දෙන්නම මුණගැහිලා දැන් වංහුං අහනකොට ලංකාවෙන් වැඩිය බව දැනගත්තා.

එතකොට අර භික්ෂුණිය 'ස්වාමීනී, මීට අවුරුදු ගාණකට කලින් ලංකාවේ ඉන්දෙද්දි අපිත් දුටුගැමුණු රජ්ජුරුවන්ගේ මිරිසවැටිය මහා චෛත්‍ය පූජාවට සහභාගී වුනා' කිව්වා. එතකොට අර ස්වාමීන් වහන්සේ කිව්වා අපිත් සහභාගී වුනා කියලා. 'අනේ මං එදා පොඩී හත්හැවිරිදි හාමුදුරු කෙනෙක් උණු කැඳ පාත්තරයක් අත පිච්චි පිච්චි අරගෙන යද්දි මම මගේ තැටිය පූජා කළා' කියනවා. උන්වහන්සේ මල්ලෙන් අරන් පෙන්නනවා 'මේකද?' කියලා. අනේ ස්වාමීනී, ඒක තමයි කිව්වා. සිවුරු අරිනවා ජෝඩුව. මදෑ වෙච්චි දේ... දැන් බලන්න රහතන් වහන්සේලාගේ යුගයේ පවා පැටලිච්ච පැටලිලි.

ඒකට කියන්නේ සම්භෝග සංසර්ගය කියලා. එහෙම දීපු එකක් මතක තියාගෙන පාවිච්චි කරන්න එපා කියනවා. බලන්න මේ බුද්ධ ශාසනයේ භික්ෂුවකට හික්මෙන්න තියෙන විදිහ කොහොමද කියලා.

පිරිත් නූලක්වත් බඳින්න බෑ....

ඊට පස්සේ කාය සංසර්ග කියන්නේ අත් ඇල්ලීම, කෙස් ඇල්ලීම ආදියෙන් ආශ්වාදයක් ලැබීම. ඒකයි අපි කාන්තාවකගේ අතේ පිරිත් නූලක්වත් බඳින්නෙ නැත්තේ. බුද්ධ දේශනාවේ තියෙනවා අද උපන්න ගෑණු දරුවෙක්වත් අල්ලන්න එපා කියලා. මේකේ තියෙනවා භික්ෂූන් වහන්සේලා පිරිසකුයි භික්ෂුණීන් වහන්සේලා පිරිසකුයි රුවන්වැලි මහාසෑයේ සජ්ඣායනාවකට ගිහිල්ලා හිටියා. දැන් හවස අඩ අඳුරේ සජ්ඣායනා කර කර ඉන්නවා. ඉස්සරහ භික්ෂූන් වහන්සේලා හිටියා, පිටිපස්සෙන් භික්ෂුණීන් හිටියා. භික්ෂූන් වහන්සේ නමක් සිවුර හදන්න යද්දි අත වැදුනා භික්ෂුණියකගේ ඇඟේ. එතකොට මේ භික්ෂුණිය පස්සට යන්ට ඕනෑ නොවැ. නමුත් ඈ කළේ වෙනිං දෙයක්. ඒ අත අරගෙන පපුවේ තියාගත්තා. ජෝඩුව සිවුරු ඇරලා ගියා. මේකේ කාය සංසර්ගයට දීලා තියෙන උදාහරණය තමයි ඒ.

රහතුන්ගේ විරාගී චරණය....

මේ පස් ආකාර සංසර්ගයන්ගෙන් වැළකිලා ඒ කාලේ රහතන් වහන්සේලා විරාගී චරණයෙන් යුතුව වැඩහිටිය ආකාරය තේරුම් අරගෙන හිත පහදවා ගන්න. වර්තමානයේ කියන ජාතියේ විකාර නෙවෙයි මේ කියන්නේ. එතකොට මේ සංසර්ග පහෙන් වෙන් වෙච්ච

පුණ්ණ මහරහතන් වහන්සේ තමන්ගේ සඟ පිරිසටත් කියනවා මේ පහෙන් වෙන්වෙලා වාසය කරන්න කියලා. ශ්‍රවණ සංසර්ග, දර්ශන සංසර්ග, සමුල්ලපන සංසර්ග, සම්භෝග සංසර්ග, කාය සංසර්ග කියන මේවායින් වෙන්වෙලා වාසය කිරීම තමයි අසංසග්ග. සංසර්ග නැතිබව.

මේකේ තියෙනවා සංසර්ග නැතිබව පිළිබඳ කියවෙන තව ලස්සන කතාවක්. චූල්ලපිණ්ඩපාතිකතිස්ස කියලා මහරහතන් වහන්සේ නමක් වැඩහිටියා. උන්වහන්සේට එක අම්මා කෙනෙක් දරුවෙකුට වගේ උපස්ථාන කළා. හැබැයි ඒ උපාසක අම්මා ඒ ස්වාමීන් වහන්සේට ඇලිලත් නෑ. ඒ ස්වාමීන් වහන්සේ ඒ උපාසක අම්මාට ඇලිලත් නෑ. දෙපැත්තෙන් ම දෙන්නා නිදහස්. අද ඒ හැකියාව කෙනෙකුට තියෙයි කියලා මං හිතන්නෙ නෑ.

සැබෑ ගිහි පැවිදි සබඳතාවය....

දවසක් ඒ උපාසිකාවගේ ගමේ ගෙවල් ගිනි ගත්තා. ඒ කාලේ ගොඩක් ගෙවල් එකට නේ තියෙන්නේ. ගිනි ගත්තට පස්සේ උපාසක අම්මගෙන් අනිත් ස්වාමීන් වහන්සේලා "අනේ උපාසිකාව, කොහොමද...? ගෙදර ගිනි ගනිද්දි බඩුමුට්ටු ටික බේරගන්න බැරිවුනාද?" කිය කිය විස්තර අහනවා. නමුත් චූල්ලපිණ්ඩපාතිකතිස්ස රහතන් වහන්සේ විස්තර අහන්ට ආවේ නෑ. උපාසක අම්මා මොකද කරන්නේ, ඒ කරදර අස්සෙත් ගස් සෙවනක ඉඳගෙන දානෙ හදනවා.

චූල්ලපිණ්ඩපාතිකතිස්ස රහතන් වහන්සේ සුපුරුදු විදිහට ඒ උපාසිකාව ඉන්න තැනට දානෙට වැඩලා දානෙ පිළිඅරගෙන, උපාසිකාව සුවපත් වේවා කියලා පිටත්

වෙලා යනවා. ගමේ මිනිස්සු අර උපාසක අම්මාගෙන් අහනවා 'ඔබේ කුලුපග භික්ෂුව වළඳන වෙලාවට විතරක් ඇවිල්ලා දානෙ අරන් ගියා නේද?' කියලා. එතකොට උපාසක අම්මා බණිනවා මිනිස්සුන්ට "උඹලා ඕන විදිහකට හිතාගනිල්ලා. මම උපස්ථාන කරන ස්වාමීන් වහන්සේ ප්‍රතිපත්තියේ ගියාවේ" කියලා.

අද කාලේ එහෙම දෙයක් වුනා නම්....

උපාසක අම්මා භික්ෂුවට ඇලිලත් නෑ. භික්ෂුව උපාසක අම්මට ඇලිලත් නෑ. මේ කාලේ ඔය වගේ දෙයක් වුනා නම් 'අනේ ස්වාමීනී, මට මෙහෙම කරදරයක් වුනා... කාටහරි කියලා මට මේකට උදව් ඉල්ලලා දෙන්ට' කියලා අපෙන් උදව් ඉල්ලනවා. දැන් බලන්න වෙනස. කරදරයක් වෙච්ච වෙලාවට අපි ගිහිල්ලා සුව දුක් විමසලා කතා කළේ නැත්නම් 'අනේ දොළොස් අවුරුද්දක් තිස්සේ මං උපස්ථාන කරනවා. මට මක්කද වුනේ කියලා මේ ස්වාමීන් වහන්සේ ඇහුවේ නෑනේ' කියලා හිතනවා.

නමුත් අර උපාසක අම්මා හිතුවේ 'නෑ... අපේ ස්වාමීන් වහන්සේ ප්‍රතිපත්තියේ ගියාවේ' කියලයි. එහෙනම් ඒ උපාසක අම්මා ධර්මය දන්නෙ නැති කෙනෙක් ද, දන්න කෙනෙක් ද? ඒකාන්තයෙන් ම ධර්මය දන්න කෙනෙක්. ධර්මය දන්නවා නම් තමාත් නිදහස්. අනිත් කෙනත් නිදහස්. ධර්මය දන්නෙ නැති නිසා තමයි ඔක්කොම කරගහගෙන පොදි බඳින්නේ.

භික්ෂූන්ගෙන් උපස්ථාන ලබන ගිහියන්....

දැන් මේ කාලේ තියෙන්නේ, ගිහියෝ බලාපොරොත්තු වෙනවා ස්වාමීන් වහන්සේලාගෙන්

උපස්ථාන. අපි උපස්ථාන කළේ නැත්නම් අපට බණිනවා. අපි කියමු හදිස්සියෙම ගංවතුරක් ගැලුවා. අපි ගිහිල්ලා බඩු ටිකක්වත් බෙදුවේ නැත්නම් 'ඕං අපි දානමාන දුන්නා. අපි උන්නද මළාද බලන්න මේ හාමුදුරුවෝ ආවේ නෑනේ' කියලා බණිනවා. ඊළඟට ඔන්න අපිට කරදරයක් වුනාම උපාසක අම්මලා දුවගෙන බලන්න ආවේ නැත්නම් අපි බණිනවා 'අපි මුන්ට බණ කිව්වා කිව්වා කට රිදෙනකම්... අපි අසනීප වෙච්ච වෙලාවට එකෙක් නෑ' කියලා.

එහෙනම් දෙපැත්තෙන් ම දෙන්නා බැඳිලා. මෙහෙන් එහෙට බැඳිලා. එහෙන් මෙහෙට බැඳිලා. ඒකට කියන්නේ ගාහගාහකෝ කියලා. ඊළඟට අසනීප වෙච්ච වෙලාවේ ගිහි එක්කෙනාව බලන්න ගියේ නෑ. එතකොට බණිනවා 'අපිත් දානෙ දුන්නා දුන්නා... නිකමටවත් ඇවිල්ලා පිරිත් ටිකක් කියලා පල...' කියලා. ඒ මොකක්ද? මෙහෙනුත් අල්ලගෙන, එහෙනුත් අල්ලගෙන. දෙපැත්තේ ම ධර්මය නෑ. ඒක තමයි දැන් යන රටාව.

දන්දීම අත්හැරියේ නෑ....

දැන් බලන්න අර උපාසක අම්මාගේ ගේ ගිනි අරගෙන. ඒ උපාසක අම්මා යාන්තම් පොඩි හෙවනක් හදාගෙන බත් ටික උයාගෙන ඒ ස්වාමීන් වහන්සේට පූජා කරනවා. ඒ කියන්නේ ගේ ගිනි ගත්තා කියලා උපාසක අම්මා දානෙ හදන එක අතඇරියේ නෑ. ඒ ස්වාමීන් වහන්සේත් පිළිවෙළින් පිණ්ඩපාතේ වැඩියා ඒ ගෙදරට. දානෙ පූජා කළාම සුවපත් වේවා කියලා උන්වහන්සේ වැඩියා. මිනිස්සු එක එක ඒවා කියද්දි උපාසක අම්මා "උන්වහන්සේ උන්වහන්සේගේ ප්‍රතිපත්තියේ ගියාවේ.

උඹලා උඹලට ගැලපෙන හාමුදුරුවරු හොයාගනිල්ලා" කිව්වා.

මේකේ කියනවා ආයුෂ්මත් මන්තාණිපුත්ත පුණ්ණයන් වහන්සේ ඔය පස් ආකාර සංසර්ගයන්ගෙන් නිදහස් වෙලා වැඩසිටිමින් භික්ෂූන්ටත් මේ සංසර්ගයන්ගෙන් නිදහස් වීම ගැන කියනවා. **(ගාහමුත්තෝ)** උන්වහන්සේ ග්‍රහණයෙන් මිදිලා. ආන්න නියම පැවිද්ද. ඒ ලස්සන පැවිද්ද අද ලෝකයේ තියෙනවද කියලා මට නම් තේරෙන්නේ නෑ. නමුත් ඒක තමයි සුන්දර පැවිද්ද.

උපන් සැණින් කෙලෙස් දුරු කිරීම....

ඊළඟ එක ආරද්ධවිරිය. ආරද්ධවිරිය කියන්නේ පටන්ගත් වීරිය. **(පරිපුණ්ණකායිකචේතසික විරියෝ)** පිරිපුන් කායික චෛතසික වීරිය. ඔන්න ඇවිදගෙන යනකොට හිතට ක්ලේශයක් ආවා. ඒක ගෙනියන්න නෑ වෙන ඉරියව්වකට. ඇවිදගෙන යද්දීම ඉක්මනින් ඒක නැතිකරගන්නවා. හිටගෙන ඉන්නකොට ක්ලේශයක් ආවා. වෙන ඉරියව්වකට ගෙනියන්නෙ නෑ. හිටගෙන ඉන්දෙද්දීම ඒ ක්ලේශය නැතිකරගන්නවා. ඊළඟට වාඩිවෙලා ඉන්දෙද්දි ක්ලේශයක් ආවොත් වාඩිවෙලා ඉන්දෙද්දිම නැතිකරගන්නවා. වෙන ඉරියව්වකට ගෙනියන්නෙ නෑ. සැතපී සිටිද්දී ක්ලේශයක් ආවොත් සැතපී සිටිද්දීම ඒක නැතිකරගන්නවා. ඒක වෙන ඉරියව්වකට ගෙනියන්නෙ නෑ. ඒක තමයි පටන්ගත් වීරිය, ආරද්ධවිරිය.

ඒක හරියට මේ වගේ දෙයක්. භයානක සර්පයෙක් ළඟින් වහා පැනලා යනවා වගේ, සතුරෙක් බෙල්ලෙන්

අල්ලගත්තාම වීරිය අරගෙන සතුරාව පැත්තට වීසිකරනවා වගේ දෙයක්. අන්න ඒ ආරද්ධවිරිය මන්තාණිපුත්ත මහරහතන් වහන්සේට තිබුණා. අන් අයවත් ඒ වීරියේ සමාදන් කළා.

ගුණයෙන් මෝරන්න ඕනෙ....

ඒ කාලේ තිබ්ච්ච වටිනාකම තමයි ඒ අයට ඒ හැකියාව තිබුණා. ඒකට හේතුව තමයි පින්වත්නි, ගුණයෙන් මෝරපු බව. මම ඒක ඔබට කලිනුත් කියලා තියෙනවා. මේ කාලේ මනුස්සයෙකුට සමාධියක් ඇතිකරගන්ට පුළුවන්. මං ඒක නෑ කියන්නේ නෑ. නමුත් ඒ සමාධිය ධ්‍යාන මට්ටමට දියුණු වෙනවාද කියන එක ගැන නම් ප්‍රශ්නයක් තියෙනවා. මං ඉස්සෙල්ලා කිව්වේ, මාත් එක්ක හිටපු ස්වාමීන් වහන්සේ පැය හත අට භාවනාවෙන් හිටියා කියලා. අෂ්ට සමාපත්ති ම ඉපැද්දෙව්වා කියලයි අපිත් එක්ක කිව්වේ. විදර්ශනා වඩලා සියලු ඤාණ පහළ වෙලා රහත් ඵලයට පත්වුනා කිව්වා. කොහොමද ඔක්කොම අතඇරලා දාලා සිවුරු ඇරලා ගියේ?

මහමෙව්නාවේ අයටත් වෙච්චි දේවල්....

මෙහෙත් අපි ළඟ එක්කෙනෙක් හිටියා. ඔන්න සෝවාන් වුනා කියලා මට ඇවිල්ලා කිව්වා. මං කිව්වා "ආයුෂ්මතුන් සෝවාන් වුනා නම් කලබල වෙන්න එපා. ඒක තියේවි. ඕක ඇත්ත එකක් නම් මට කිව්වා කියලා ඕක වැඩිවෙන්නේ නෑ. මං ඕක නොපිළිගත්තා කියලා නැතිවෙන්නෙත් නෑ. ඒ නිසා කලබල වෙන්න එපා. ආයුෂ්මතුන්, මේ කාලේ මම හිතන්නේ නෑ මේක බොහොම

ලේසියෙන් කරගන්න පුළුවන් කියලා. මොකද හේතුව, නිකම් අපට හිතුන හිතුන වෙලාවට මගඵල ලබන්න පුළුවන් නම් බුදුරජාණන් වහන්සේ බෝධි මූලයේදී සේනා සහිත මාරයාව පරාජයට පත්කරවන්න ඕනෙ නෑනෙ. ඒ නිසා මේකට කලබල වෙන්න එපා" කිව්වා.

ඊට පස්සේ 'ඔන්න ලොකු ස්වාමීන් වහන්සේ මාරයාට බයවෙලා...' කියලා මටත් බැනලා ගියා යන්න. කාලයක් තිස්සේ මේකෙම ඉඳලා දැනුම් තේරුම් ඇති කෙනෙක් නෙ මේ කියන්නේ කියලා හිතන්න තරම් ඒ උන්නාන්සේට ගුරු ගෞරවය තිබුණේ නෑ. කැලේ ගියා. ඔන්න පණිවිඩයක් එවනවා සකදාගාමී වුනා කියලා. මං ඉතින් කලබල වුනේ නෑ.

පුහු මාන්නය අත්හරින්න....

දැන් අපේ අනිත් පිරිසත් ඇවිස්සිලා 'අනේ අපිත් කැලේ ගියා නම් හරිනේ' කියලා. තව ටික කාලයක් ගියාම ඔන්න ආරංචි වුනා අනාගාමී වුනා කියලා. අපි ළඟ හිටියා වයසට පලච්ච එක්කෙනෙක් මහණ වෙලා. එයත් කියනවා 'මෙහේ ඉඳලා හරියන්නේ නෑ. අන්න දැක්කද අසවලා දැන් අනාගාමී වෙලාලු. අපිත් කැලේ ගියා නම් හරි' කියලා. මං ඒ වයසක උන්නාන්සේට කිව්වා 'මේ... ඔහේ කට වහගෙන ඉන්න. බලමු වෙන දේ' කියලා.

තව ටික දවසක් ගියාම ආරංචි වුනා සිවුරු ඇරියා කියලා. ආයෙ ආරංචි වුනා බිබී ඉන්නවා කියලා. මෙහේ අපි ළඟ හිටපු කෙනෙකුට වෙච්ච දේ මං මේ කියන්නේ. ඊට පස්සේ ටික කලක් ගිහිල්ලා ආයෙ මෙහේ ආවා. මං කිව්වා "දැන් ඉගෙන ගත්තද පාඩම? දැන්වත් ඔය පුහු මාන්නෙ අතඇරලා මේ මහපොළොවේ කකුල් දෙක

තියලා පලයං. සාමාන්‍ය විදිහට පටන් ගනින් වැඩේ" කියලා. ලිස්සන ගහෙන් පල්ලෙහාට වැටුනා වගේ දෙයක් නෙ වුනේ. ඊට පස්සේ මෙහේ ඉඳගෙන ආයෙ අනිත් අයට කියනවා 'මේ අතුපතු ගගා ඉඳලා හරියන්නේ නෑ. ඉක්මනට මේක කරගන්න ඕනෙ...' කියලා. ඔහේ කරුණාකරලා යන්න කියලා මං එයාව යැව්වා. ගුරුවරයෙකුගේ යටතේ හික්මෙන්න උවමනාවක් නෑ.

කෙළෙහිගුණ නැත්නම් අනිත් ගුණත් නෑ....

අවුරුදු ගණන් අපේ වැඩසටහන්වලට ආපු සමහර අයත් 'අපි මහමෙව්නාවෙන් ගන්න ඕනෙ ටික ගත්තා. අපි දැන් ඊළඟ සෙකන්ඩ් ස්ටෙප් එකට යනවා. බයි බායි... කියලා යනවා. ඒ නිසා කෙළෙහිගුණය නැති අයට වෙන මුකුත් ගුණයක් පිහිටන්නේ නෑ. ධර්මය කියන්නේ ගුණයක් එක්ක යන එකක්. ගොඩක් අයට අමතක වෙච්ච එක තමයි ගුණය කියන එක. දැන් මේ දසකථාවල ඔක්කොම විස්තර වෙන්නේ මොනවද? ගුණධර්ම ගැනයි විස්තර වෙන්නේ.

ආරද්ධවිරිය කියන්නෙත් ගුණයන්ගේ හැකියාවක්. අපි කියමු අපි ඇඳේ හාන්සි වෙලා සිටිද්දී ඔන්න එකපාරට පරණ කේස් එකක් මතක් වෙලා කෝපයක් හටගත්තා. අපි ඇඳේ ම ඒක දුරුකරයි ද සුටුස් ගාලා නැගිටියිද? කෙලෙස් ආපු ගමන් අපි ඉරියව්ව මාරුකරනවා. හිටගෙන ඉන්නකොට කෙලෙස් හටගත්තා ම අපි සක්මන් කරනවා. වාඩිවෙලා ඉන්නකොට කෙලෙස් හටගත්තා. ඒ ඉරියව්වේ ම කෙලෙස් ප්‍රහාණය කරනකම් ඉන්න බෑ. කය චංචල වෙනවා. සුටුස් ගාලා නැගිටිනවා. එහෙම වෙන්නේ නැද්ද? වෙනවා. ඉන්න ඉරියව්වෙන් අනිත් ඉරියව්වට

මාරු කරනවා දැන් කාලේ. අන්න ඒකයි දැන් තියෙන රටාව.

සමාධියට වඩා ගුණයට මුල් තැන....

ඉස්සෙල්ලාම මේවා හොඳට සිහියෙන් හඳුනා ගන්න. අපිටත් හරි ලේසියි මිනිස්සුන්ව හැඟීමක අතරමං කරවන්න. බොහොම ලේසි ක්‍රමවලින් සමාධිය ඇතිකර ගන්න හැටි කියලා දෙන්න පුළුවන්. මං සමාධියට වඩා වැඩිපුර යොදවන්න හදන්නේ ගුණයකට යි. එක්තරා අවස්ථාවක බුදුරජාණන් වහන්සේ අනේපිඬු සිටාණන්ගේ මැදුරට වැඩපු වෙලාවේ කුස්සිය පැත්තෙන් මහා ඝෝරනාදුවක් ඇහෙනවා.

එතකොට බුදුරජාණන් වහන්සේ අහනවා 'සිටුතුමනි, කවුද අර පිටිපස්සේ කෝලාහල කරන්නේ?' කියලා. සිටුතුමා කියනවා 'අනේ ස්වාමීනී, ඒ අපේ අලුතින් ආපු ලේලි. අපට නින්දක් නෑ මේකි නිසා. ගන්න දෙයක් නෑ. කොයි වෙලාවෙත් රණ්ඩු අල්ලනවා. ඔක්කෝටම බනිනවා. බඩු පොළවේ ගහනවා. අපට පාලනය කරගන්න බෑ' කියලා. එහෙනම් ඇයට එන්න කියන්න කියනවා.

භාර්යාවෝ සත් දෙනෙක්....

ඔන්න සුජාතා ඇවිල්ලා බුදුරජාණන් වහන්සේට වැන්දා. උන්වහන්සේ අහනවා "සුජාතා, බිරින්දෑවරු හත් දෙනෙක් ඉන්නවා. ඒ තමයි වධක භාර්යාව, චෝරී භාර්යාව, ආර්යා භාර්යාව, මාතෘ භාර්යාව, සඛී භාර්යාව, භගිනි භාර්යාව සහ දාසී භාර්යාව. මේ හත්දෙනාගෙන් ඔයා කවුද?" කියලා. අනේ ස්වාමීනී,

මං ඒ ගැන දන්නේ නෑ කිව්වා. ඔන්න එතකොට සප්තභාර්යා සූත්‍රය දේශනා කළා.

ඉතින් බුදුරජාණන් වහන්සේ ඒ එක් එක් බිරිඳ ගැන විස්තර වශයෙන් දේශනා කරලා අන්තිමට වදාළා "සුජාතා, මේ බිරින්දෑවරු හත් දෙනාගෙන් වධක භාර්යාවත්, චෝරී භාර්යාවත්, ආර්යා භාර්යාවත් කියන තුන් දෙනා ම මැරුණට පස්සේ නිරයේ යනවා. මාතෘ භාර්යා, සඛී භාර්යා, භගිනී භාර්යා, දාසී භාර්යා කියන මේගොල්ලෝ මැරුණට පස්සේ නිම්මාණරතියේ යනවා" කියලා. නිම්මාණරතිය තියෙන්නේ කොහේද..? ළඟපාත ද...? ලන්ඩන්වල ද...? නෑ. චාතුම්මහාරාජිකයත් පහුකරලා, තාවතිංසෙත් පහුකරලා, යාමයත් පහුකරලා, තුසිතයත් පහුකරලා ඊට ඉහළිනුයි තියෙන්නේ නිම්මාණරතිය.

සමාධිය කියන්නේ මාර්ග අංගයක්....

එතකොට නිම්මාණරතියේ උපද්දවන්න අර භාර්යාවෝ සතර දෙනාට මොනවද උදව් වුනේ? ගුණධර්ම. ඉර හඳ වගේ පැහැදිලිව පේනවා මේක ගුණධර්ම මුල්කරගෙන යන එකක් මිසක්, හැඟීමට වහල් වෙලා සමාධිය මුල්කරගෙන යන එකක් නෙවෙයි කියලා. ඒකයි මං ඒකට මුල්තැන දෙන්නෙ නැත්තේ. නමුත් සමාධි ගෞරවය තියෙනවා. සමාධිය කියන්නේ ඒකාන්තයෙන් ම මාර්ග අංගයක්.

නමුත් ඔක්කෝටම ඉස්සෙල්ලා එයා ගුණධර්මයන්ගේ පිහිටලා ඉන්න ඕනෙ. දැන් මේ දසකථාවලත් ගුණධර්මයන් ගැන නේද කියන්නේ සීල සමාධි ප්‍රඥාවලට ඉස්සෙල්ලා? අල්පේච්ඡතා, සන්තුට්ඨිතා, පවිවේකතා, අසංසග්ගතා, ආරද්ධවිරියෝ කියන මේ

ඔක්කොම ගුණධර්ම. මේ ගුණධර්මයන්ට පස්සේ තමයි සීලය ගැන කියන්නේ.

සීලයට රුකුල් දෙන ගුණධර්ම....

පුණ්ණ මහරහතන් වහන්සේ **(අත්තනාව සීලසම්පන්නෝ)** තමාත් සීලසම්පන්න වෙලා, අන් අයවත් සීලයේ සමාදන් කරවනවා. සීලය කියන්නේ චතුපාරිශුද්ධි සීලය. ඒ තමයි ප්‍රාතිමෝක්ෂ සංවර සීලය, ඉන්ද්‍රිය සංවර සීලය, ප්‍රත්‍ය සන්නිශ්‍රිත සීලය සහ ආජීව පාරිශුද්ධි සීලය. අර කලින් කියපු ගුණධර්මයන්ගේ පිහිටපු කෙනාට මේ සතර ආකාර සීලය ඉතාම පහසුවෙන් පුරුදු කරන්න පුළුවන්. එහෙනම් සීලයට රුකුල් දෙන පදනම තමයි අර කලින් කියාපු ගුණධර්ම ටික. මොනවද ඒ? අප්පිච්ඡ කථා, සන්තුට්ඨී කථා, පවිවේක කථා, අසංසග්ග කථා. විරියාරම්භ කථා.

ප්‍රාතිමෝක්ෂ සංවර සීලය කියන්නේ බුදුරජාණන් වහන්සේ වදාළ ශික්ෂාපද ආරක්ෂා කරගෙන සිටීම. සිල්වත් භික්ෂුව **(අණුමත්තේසු වජ්ජේසු භයදස්සාවී)** අණුමාත්‍ර වරදෙහිත් භය දකිනවා. දැන් එයාට අණුමාත්‍ර වරදේ භය දකින්න හැකියාව තියෙනවා. ඇයි හේතුව, එයාට ගුණධර්ම තියෙනවා. එතකොට මේ සිල්පද ආරක්ෂා කරගෙන ඉන්න පුළුවන්. බුදුරජාණන් වහන්සේ සීලය ගැන වදාළේ **(අවිප්පටිසාරත්ථානිසංසා)** සීලය විපිළිසර නොවීම අනුසස් කොට ඇත්තේය කියලයි.

ඉලෙක්ට්‍රොනික් උපකරණ පූජා කිරීම....

ඊට පස්සේ ඉන්ද්‍රිය සංවර සීලය. දැන් එයාට ඇස, කන, නාසය, දිව, කය, මනස සංවර කරගන්න පුළුවන්.

ඒ සඳහා එයාට අල්පේච්ඡතාවයෙන් උදව් ලැබෙනවා. සන්තුට්ඨිතාවයෙන් උදව් ලැබෙනවා. පවිවේකතාවයෙන් උදව් ලැබෙනවා. අසංසග්ගතාවයෙන් උදව් ලැබෙනවා. ආරද්ධවිරියෙන් උදව් ලැබෙනවා. ඔබ දැක්කද අපි අපේ අසපුවල ගැහුවා බෝඩ් එකක් මොබයිල් ෆෝන්, ලැප්ටොප්, ටැබ් ආදී ඉලෙක්ට්‍රොනික් උපකරණ පූජා කරන්ට එපා කියලා? අර කලින් කියපු පස් ආකාර සංසර්ගය වළක්වන්නයි ඒක කරලා තියෙන්නේ. ඒවා හරහා බාහිර ලෝකෙත් එක්ක එකතු වෙලා, ෆේස්බුක් ගිහිල්ලා, ජරා කුණු ගොඩවල්වල පැටලිලා ගොඩක් අය සිවුරු ඇරලා ගියා.

ගුරුවරයෙක් හැටියට ඒ අනතුර පෙන්වලා දීලා ඒ අනතුරෙන් වළක්වන්න ඕනෙ නිසයි මං එහෙම කළේ. කවුරුහරි කිව්වොත් 'මේ කාලේ ඔහොම හරියන්නේ නෑ. අලුත් ලෝකෙ මේවා ඕනෙ' කියලා එයා ඒ ආවේග යක් පාවිච්චි කරන්නේ, දුරදැක්මක් නෙවෙයි. හානි කරන දේවල් හැටියට ධර්මයේ යමක් සඳහන් වෙනවද, ඒක හානියක් ම යි. ඉන්ටනෙට් යන්න පුළුවන් ස්මාර්ට් ෆෝන් එකක් කෙනෙක් පාවිච්චි කරනවා නම් එයාට අර සංසර්ග ඔක්කොම තියෙනවා. ඒක එයාට හානියක් ම යි. කවදාවත් එයාට විමුක්තියට උවමනා විදිහට ගුණධර්ම පිහිටන්නෙ නෑ.

රාගය දුරුකිරීම දුෂ්කරයි....

එතකොට ඉන්ද්‍රිය සංවර සීලයේ හික්මෙන භික්ෂුව ඇසෙන් රූප දැකලා නිමිති ගන්නෙ නෑ. ඒ කියන්නේ කෙලෙස් හටගන්න රූප මතක තියාගන්නේ නෑ. කනෙන් ශබ්ද අහලා කෙලෙස් හටගන්න ශබ්ද මතක තියාගන්නෙ

නෑ. බුදුරජාණන් වහන්සේගේ කාලේ ගොඩක් භික්ෂූන් වහන්සේලා අමු සොහොනට ගියානේ කුණු වෙච්ච දේවල් බලන්න. බලන්න එතකොට රාගයට එරෙහිව අපේ හිතට මොනතරම් ප්‍රබල අරමුණක් දෙන්න ඕනෙද. මේ නිකාම්ම කතා කරපු ගමන් මගඵල ලබන්නෙ නෑ ඒ කාලෙත්. අද නෙවෙයි මේ කියන්නේ ඒ කාලේ.

ඒ කාලේ එක නගර ශෝභිනියක් හිටියනෙ සිරිමා කියලා. සිරිමා තෙරුවන් සරණ ගිහිල්ලා මගඵල ලැබුවා. ඊට පස්සේ නිතර නිතර දානෙ දෙන්න පටන් ගත්තා. සමහර උන්නාන්සේලා දානෙට ගිහිල්ලා ආපහු ආරාමෙට ආවට පස්සේ අනිත් උන්නාන්සේලාත් එක්ක සිරිමාගේ රූපය ගැන ගුණ කිව්වා. 'අන්න සිරිමාත් තෙරුවන් සරණ ගිහිල්ලා. එයා වෙනම දාන ශාලාවක් හදලා දානෙ දෙනවා. හප්පේ... බලන්න එපායැ. දෙවඟනන්ව ඇස් දෙකෙන් දැකලා නැත්නම් ඕන්න ගිහින් බලාපං... දෙවඟන සරි ඇගෙ රුව.... ඉඟ සුඟ ගත හැක මිටින...' කියලා විස්තර කළා.

සිරිමාගේ මළගම....

එතකොට එක තරුණ උන්නාන්සේ කෙනෙකුට ආසා හිතුනා අනේ මටත් ඈව බලන්ට ඕනෙ කියලා. දැන් බලන්න, මේ කාලේ වගේ නරකට පහසුකම් නැති බුද්ධ කාලෙත් හිත අවුල් වෙච්ච හැටි. ඉතින් ඒ භික්ෂූන් වහන්සේ සැවැත්නුවරට වැඩියා. වැඩලා ඔන්න සිරිමාගේ දාන ශාලාවට ගියා. එදා දානෙ බෙදන්ට සිරිමා ආවේ නෑ. සිරිමා රෝගාතුර වෙලා බොහොම අමාරුවෙන් හිටියේ. දැන් මේ භික්ෂුව ආවේ මොකටද? සිරිමාව බලන්ට ම යි.

දානෙන් පස්සේ සිරිමා ඇවිල්ලා භික්ෂූන් වහන්සේලාට වන්දනා කළා. හවස ආරංචි වුනා සිරිමා මළා කියලා. එවෙලේ ඉඳලා අර භික්ෂුව දානෙ ගන්නෙත් නෑ, වතුර බොන්නෙත් නෑ, ඇඳේ වැතිරිලා ඉන්නවා. දැන් බලන්න ඇහෙන් දැකපු රූපය කොච්චර හිත වසඟ කළාද...! බුදුරජාණන් වහන්සේ දැක්කා මෙයාව බේරගන්න තියෙන්නෙත් මේ රූපය හරහා ම යි කියලා. බුදුරජාණන් වහන්සේ පණිවිඩයක් ඇරියා 'සිරිමාව අමු සොහොනට දාන්න. දවන්ට එපා. බල්ලෝ බළල්ලුන්ට කන්න බැරිවෙන්ට මුර කරන්න' කියලා.

මළකඳ වෙන්දේසි කළා....

දවස් හතක් ගත වුනාට පස්සේ බුදුරජාණන් වහන්සේ එතැනට වැඩියා. රජ්ජුරුවොත් ගියා. මිනිස්සුත් ගියා. යනකොට සිරිමාගේ ශරීරය හොඳටම කුණු වෙලා. ජරාව වැගිරෙනවා. ඇස් පුපුරලා හැරව ගලනවා. කන්වලින් හැරව ගලනවා. නහයෙන්, කන්වලින්, ඇස්වලින් පණුවෝ සිලි සිලි ගාලා උඩට එනවා. මහ සෙනඟ මැද්දේ සිරිමාගේ මළකඳ වෙන්දේසි කළා. කවුරුත් නෑ ගන්න. අන්තිමට නිකම් දෙන්නම් කිව්වා. හැමෝම නහය වහගෙන අහක බලාගත්තා.

අන්න ඒ වෙලාවේ අර භික්ෂුවට සිහිය උපන්නා. දැන් බලන්න ඒ කාලේ හැබෑවටම මගඵල ලබන්න පින් තියෙන එක්කෙනාත් රූපයට වසඟ වෙච්චි හැටි. එදා ඒ භික්ෂූන් වහන්සේ සෝවාන් ඵලයට පත්වුනා. ඒ ප්‍රශ්නෙන් බේරුනා. ඒකටයි සුදුසු කාලේ බලලා බුදු කෙනෙක් පහළ වෙන්නේ. ගුණයෙන් මෝරපු එක්කෙනාට අවබෝධයේ හිත පිහිටනවා. ගුණය මෝරපු නැති එක්කෙනා අවබෝධ වෙනවා කියා මුළා වෙනවා.

ඉන්ද්‍රිය සංවර සීලය....

දැන් අපි විස්තර කර කර හිටියේ ඉන්ද්‍රිය සංවර සීලය ගැනයි. භික්ෂුව ඇහෙන් රූප දැකලා අකුසලයට හිත යොමු කරන්නෙ නැතුව සංවර වෙනවා. කනෙන් ශබ්ද අහලා අකුසලයට හිත යොමු කරන්නෙ නැතුව සංවර වෙනවා. නාසයෙන් ආඝ්‍රාණය කරලා අකුසලයට හිත යොමු කරන්නෙ නැතුව සංවර වෙනවා. දිවෙන් රස විඳලා අකුසලයට හිත යොමු කරන්නෙ නැතුව සංවර වෙනවා. කයෙන් පහස ලබලා අකුසලයට හිත යොමු කරන්නෙ නැතුව සංවර වෙනවා. මනසින් අරමුණු මෙනෙහි කරලා අකුසලයට හිත යොමු කරන්නෙ නැතුව සංවර වෙනවා. ඒක ඉන්ද්‍රිය සංවර සීලය යි.

ඊළඟ එක ප්‍රත්‍ය සන්නිශ්‍රිත සීලය. ප්‍රත්‍ය කිව්වේ චීවර, පිණ්ඩපාත, සේනාසන, බෙහෙත් කියන සිව්පසය. මේ හතර ප්‍රත්‍යවේක්ෂා කරමින් පරිහරණය කරනවා. ඒකත් සීලයක්. ඒ කියන්නේ සිවුරක් පරිහරණය කරද්දි ප්‍රත්‍යවේක්ෂා කරනවා "මං මේ සිවුර පරිහරණය කරන්නේ සීතල, රස්නෙ නැතිකරගන්ටයි. මැසි මදුරුවන්ගෙන් පීඩාවට පත්වෙන එක වළක්වගන්ට යි. ශරීරයේ තියෙන ලැජ්ජා තැන් වසාගන්ටයි" කියලා.

අදැහැමි ජීවිකාව අත්හරිනවා....

ඒ විදිහට සිවුරු පෙරවීමේ අර්ථයත් මෙනෙහි කරනවා, කුටියක් පරිහරණය කිරීමේ අර්ථයත් මෙනෙහි කරනවා. දන් වැළඳීමේ අර්ථයත් මෙනෙහි කරනවා. බෙහෙත්වල අර්ථයත් මෙනෙහි කරනවා. ඒක ප්‍රත්‍ය සන්නිශ්‍රිත සීලය. ඊළඟට ආජීව පාරිශුද්ධි සීලය කියලා

කියන්නේ තමන්ගේ ජීවිකාව පිණිස මිථ්‍යා මාර්ග යොදගන්නේ නෑ. උදාහරණයක් හැටියට ගත්තොත් දැන් අපිට සමහරු ගරහනවා අපි මගඵල දෙන්නෙ නෑ කියලා. ගරහන එක්කෙනා ගරහපුවාවේ කියලා දැන් අපි ඉන්නවා. ඒ ගැරහිල්ලට භයේ කෙනෙක් කියන්න ගත්තොත් 'හා... අපිත් මගඵල ලැබුවා' කියලා මොකද වෙන්නේ? නැති මගඵල තියෙනවා කියලා කීමෙන් එයා පාරාජිකා වෙනවා. පැවිදි උපසම්පදාව සහමුලින් ම නැති වෙනවා. දැන් කාලේ මිනිස්සුන්ට ගැරහිලිවලට ඔරොත්තු දීලා ඉන්න හැකියාවක් නෑ.

භාවනා අත්දැකීම් පැවසීම....

දැන් අපි ඔබව භාවනා වැඩසටහනකට දැම්මා කියමු. ඔන්න එක්කෙනෙකුට දෙන්නෙකුට හොඳට සමාධිය ඇතිවෙනවා, මොනවාහරි භූතකේස් වෙනවා, ඇඟ පුළුන් වගේ සැහැල්ලු වෙනවා, එක්කෝ දෙවිවරු බ්‍රහ්මයෝ ඇවිල්ලා වඳිනවා පුදනවා පේනවා. ඊට පස්සේ දැන් භාවනා අත්දැකීම් කියන්න කියලා ඔබට මයික් එක දෙනවා. ඒක අවශ්‍ය දෙයක් නෙවෙයි. නමුත් දැන් එහෙම කරනවනෙ භාවනා වැඩසටහනට කොලිටි ගන්න. මයික් එක දුන්නට පස්සේ එයා කියනවා 'මං මෙහෙම භාවනා කරගෙන ගියා. මගේ ඇඟ මෙහෙම හැල්ලු වුනා. මාව සිසිල් වෙලා ගියා. කලින් නොදැනුනු විරූ සැපයක් මට අත්වුනා. මම අමා නිවන වින්දා...' කියලා අමු පචයක් කියනවා.

කවුරුවත් දන්නවද මේ ඇත්තද කියන්නේ, බොරුද කියන්නේ කියලා? කවුරුවත් තමන්ගේ සිතින් එයාගේ සිත පිරිසිඳ දකිනවද? මගේ සිතින් ඒ සිත පිරිසිඳ

දකිනවා නම් මම කියන්න දන්නවා ඒක ඇත්ත කියලා. ඔය විදිහට ඕනෙම කෙනෙකුට කොච්චර නම් බොරු කියන්න පුළුවන්ද. මම දන්නවනෙ සමහර අම්මලා ඒ කාලේ කියපු මහා බොරු බේගල්.

කෙමනට හසු වූ මත්ස්‍යයන්....

ඉතින් අරයා එහෙම කියද්දී ඒක අහගෙන ඉන්නවා එයාගේ තරහකාරයෙක්. එයත් භාවනා කරන්න ඇවිල්ලා එතන ඉඳගෙන ඉන්නවා. එයා 'යකඩෝ... මේකිට මෙච්චර පුළුවන් ද...' කියලා කල්පනා කරලා 'අනේ පින්වත් ස්වාමීන් වහන්ස, මටත් දෙන්න මයික් එක' කියලා ඉල්ල ගන්නවා. එයා කියනවා 'ස්වාමීනී, මං භාවනා කරගෙන යද්දි මගේ කය සම්පූර්ණයෙන් නොදැනී ගියා. මම පෙර ආත්මේ දැක්කා. මං බ්‍රහ්මලෝකයේ හිටියේ. ඔබවහන්සේ තමයි මේ ධර්මය ඉස්මතු කරගෙන යන්නේ. දැන් විශාල ප්‍රබෝධයක් ඇතිවෙලා තියෙනවා. අන්න දෙවිවරු මල්වැසි වැස්සුවා' කියලා අමු පචයක් කියනවා මයික් එකෙන්. එතකොට අර භාවනාව දීපු එක්කෙනාට තවත් චූන්. ඊට පස්සේ ඒක යූටියුබ් දානවා. මෝඩ මිනිස්සු ටික කෙමනට අහුවෙච්ච මාලුවෝ වගේ අහුවෙලා යනවා. ඒක තමයි දැන් යන සිස්ටම් එක.

මගඵල තරඟය භයානකයි....

පැවිද්දෝ හැටියට අපි නම් දන්නවා එහෙම නැති ගුණ හුවාදක්වන්න හොඳ නෑ, පාරාජිකා වෙනවා කියලා. නොදන්න ගිහි අය හිතු මනාපෙට 'මට මෙහෙම වුනා... මගේ ඇඟේ කෑල්ලක් ගැලවිලා ගියා... ඇටසැකිල්ල මැවිලා පෙනුනා... මං මෙහෙම ඉන්දෙද්දි ඇට සැකිල්ල සක්මන් කළා' කියලා තරඟෙට කියන්න ගන්නවා.

මයික් එකක් දුන්නාම මිනිස්සු මොනවද නොකියන්නේ? අල්පේච්ඡතාවය ගැන මිනිස්සු දන්නවාද? ගුණයක පිහිටපු අයට ද අපි මේවා කියන්නේ? කාටද මිනිස්සුන්ගේ හැඟීම් අවුස්සලා ගන්න බැරි?

මිනිස්සු ඔක්කොම ඇවිස්සිලා කියනවා 'ආ... එහෙනම් සුමනාත් මගඵල ලැබුවා... ජස්ටින් මගඵල ලැබුවා... උපාලි මගඵල ලැබුවා... නිව්ටන් මගඵල ලැබුවා... පෙරේරාත් ධ්‍යාන ඉපැද්දුවා...' කියලා. එහෙම කතා කරනවා මිසක් ධර්ම කථාවක් නෑ. ඊට පස්සේ කට්ටිය ඇතුලේ තරඟයක් පටන් ගන්නවා. 'ආ... එහෙනම් මාත් කරන්න ඕනෙ' කියලා හිතට එන මනෝ විකාර තරඟෙට කියන්න ගන්නවා. අත්දැකීම් නැති ලෝකෙකට, ධර්මය විනය පිදුම් ලබන්නෙ නැති සමාජයකට, ශාස්තෘ සම්පත්තිය පිළිනොගන්නා සමාජයකට ඒක හොඳයි. මම ශාස්තෘ සම්පත්තිය පිළිගන්න කෙනෙක්. මට ඒක හරියන්නෙ නෑ.

භාවනා සමාලෝචනය....

මට මතකයි මම එක භාවනා වැඩසටහනක හිටියා ඒ කාලේ. ඒකෙදිත් ඒ ස්වාමීන් වහන්සේ වැඩසටහන ඉවර වෙලා අන්තිමට භාවනා සමාලෝචනය කියලා, එක එක්කෙනාට තමන්ගේ අත්දැකීම් කියන්න මයික් එක දෙනවා. දුන්නාම අනේ මේ මෙලෝ දෙයක් දන්නෙ නැති, ධර්මය කියන්නේ කලු ද සුදු ද කියලා ගලපගන්න බැරි, චුට්ටක් එහා මෙහා වෙනකොට දේවාලවලට ගිහිල්ලා හාලිපාලි කියන වයසක අම්මලා 'අනේ මේ ස්වාමීන් වහන්සේ මාව එතෙර කෙරෙව්වා. මට අමා කිරි පෙව්වා' කිය කිය කියනවා.

අහගෙන ඉන්න මිනිස්සු ඔක්කොම අනේ සාදු කියනවා. ඊට පස්සේ මිනිස්සු ඇවිල්ලා එයාගේ ඇඟ අත ගගා 'ඔයා නම් කරගත්තා නේ ඩාලිං... ඔයා නම් හරි' කියනවා. අවුරුදු විසි පහකට කලින් මට මේවා ඇහිලා තියෙනවා. ඒ ජෝගියෙන් බේරිච්ච එක්කෙනෙක් මං. දැන් ඉතින් අපට කරන්න දෙයක් නෑ. වර්තමානයෙත් ගොඩාක් අය ඒකට අහුවෙලා. මේවා කියන්නේ කාටවත් විරුද්ධව නෙවෙයි. මං මේ කියන්නේ සත්‍යය. මං මේ ගැන නොදැන හිටියා නම් මට මේක කියාගන්න බෑ. මං ඒ ගොඩේ ඉඳලා ආපු එක්කෙනෙක්. ඒ නිසා දස කථාව පිළිබඳ මේ විස්තරේ හොඳට මතක තියාගන්න.

ධර්මකථික භික්ෂූන් අතර අග්‍රයි....

අපි කලින් විස්තර කළා අල්පේච්ඡතාවය හතර ආකාරයි කියලා. එයා ලාභ සත්කාරවලට විතරක් නොඇලී ඉන්නවා නෙවෙයි. තමන් යම් ධුතාංගයක් රකිනවා නම් ඒකත් එයා සඟවාගෙන ඉන්නවා. තමන්ට යම්කිසි ධර්මඥානයක් තියෙනවා නම් ඒකත් සඟවාගෙන ඉන්නවා. එයා තමන්ගේ ධර්මඥානය පාවිච්චි කරන්නෙ නෑ අනිත් අයව මැඩලන්ට. ඊළඟට එයා ලැබූ ධ්‍යාන සමාපත්ති ආදී යම්කිසි අධිගමයක් තියෙනවා නම් ඒවත් සඟවාගෙන ඉන්නවා. මේ ඔක්කොම ගුණ.

ඉතින් මේ රථවිනීත සූත්‍රයේ විස්තර කරනවා මන්තාණිපුත්ත පුණ්ණ මහරහතන් වහන්සේ කියන්නේ තමාත් සිල්වත් කෙනෙක්. ඒ වගේම භික්ෂූන්ටත් සීල සම්පත්තියේ ගුණ කියන කෙනෙක්. තමාත් සමාධිමත් සිත් ඇති කෙනෙක්. ඒ වගේම භික්ෂූන්ටත් සමාධි සම්පත්තියේ ගුණ කියන කෙනෙක්. තමාත් ප්‍රඥාවන්ත

කෙනෙක්. ඒ වගේම භික්ෂූන්ටත් ප්‍රඥා සම්පත්තියේ ගුණ කියන කෙනෙක්. තමාත් දුකෙන් නිදහස් වෙච්ච කෙනෙක්. ඒ වගේම භික්ෂූන්ටත් විමුක්ති සම්පත්තිය ගැන ගුණ කියන කෙනෙක්. තමාත් දුකින් නිදහස් වූ බවට ඤාණ දර්ශනය ලබපු කෙනෙක්. ඒ වගේ ම භික්ෂූන්ටත් දුකින් නිදහස් වීමේ ඤාණ දර්ශන සම්පත්තිය ගැන ගුණ කියන කෙනෙක්.

කපිලවස්තුව එළිය කළ මිණිපහන....

දැන් මං නැවත මේ සූත්‍රයේ පසුබිම් කතාව ඔබට සිහිපත් කරලා දෙන්නම්. ඔන්න කපිලවස්තුවේ ඉඳලා භික්ෂූන් වහන්සේලා පිරිසක් බුදුරජාණන් වහන්සේව බැහැදකින්ට ආවා. බුදුරජාණන් වහන්සේ ඒ භික්ෂූන් වහන්සේලාගෙන් "මහණෙනි, සබ්‍රහ්මචාරී භික්ෂූන්ට දසකථාවෙන් අවවාද කරන, දස කථාවේ සමාදන් කරවන, දස කථාවෙන් සතුටු කරවන, තමනුත් ඒ ගුණවලින් යුක්තව සිටින භික්ෂුවක් කපිලවස්තුවේ ඉන්නවද?" කියලා අහනවා. "අනේ ස්වාමීනී, එහෙම කෙනෙක් ඉන්නවා. ඒ තමයි අපගේ මන්තාණිපුත්ත පුණ්ණයන් වහන්සේ" කියලා භික්ෂූන් වහන්සේලා පිළිතුරු දෙනවා.

මේ සංවාදය අහගෙන ඉන්නවා ධර්ම සේනාධිපති සාරිපුත්ත මහරහතන් වහන්සේ. ඒ වෙලාවේ උන්වහන්සේ භාග්‍යවතුන් වහන්සේ ළඟ වාඩිවෙලා හිටියේ. උන්වහන්සේ කල්පනා කරනවා "අනේ මන්තාණිපුත්ත පුණ්ණයන් වහන්සේට ලාභයක් ම යි. මන්තාණිපුත්ත පුණ්ණයන් වහන්සේට මනා වූ ලැබීමක් ම යි. නුවණැති සබ්‍රහ්මචාරීන් වහන්සේලා ශාස්තෘන් වහන්සේ ඉදිරියේ මන්තාණිපුත්ත පුණ්ණයන් වහන්සේගේ ගුණයන්ගේ

බැසගෙන බැසගෙන කථා කරනවා. ශාස්තෘන් වහන්සේත් ඒක අනුමෝදන් වෙවී ඉන්නවා. අනේ මටත් කවදාහරි මන්තාණිපුත්ත පුණ්ණයන් වහන්සේ සමග කතාබස් කරන්ට ඇත්නම්...!" කියලා. බලන්න සාරිපුත්තයන් වහන්සේගේ හිතේ ඇතිවෙන උදාර අදහස්.

තුරිත චාරිකා සහ අතුරිත චාරිකා....

ඔන්න ඊට පස්සේ බුදුරජාණන් වහන්සේ රජගහ නුවරින් චාරිකාවේ පිටත් වෙනවා සැවැත් නුවරට. බුදුරජාණන් වහන්සේගේ චාරිකා දෙකක් තියෙනවා. ඒ තමයි තුරිත චාරිකා සහ අතුරිත චාරිකා. තුරිත කියන්නේ ඉක්මන් චාරිකාව. අතුරිත කියන්නේ සාමාන්‍ය චාරිකාව. හරී ලස්සනට මේ චාරිකා දෙක ගැන විස්තර වෙනවා. අවබෝධ කළහැකි ගුණයෙන් සම්පූර්ණ පුද්ගලයන් බුදු ඇසට පෙනුනාට පස්සේ ඒගොල්ලන්ගේ අවබෝධය පිණිස බුදුරජාණන් වහන්සේ වේගවත් චාරිකාවේ යෙදෙනවා.

මහා කස්සපයන් වහන්සේව මුණගැහෙන්ට බුදුරජාණන් වහන්සේ **(මුහුත්තේන)** සැණෙකින් ගව් තුනක් ඉර්ධියෙන් වැඩියා. ඊළඟට ආලවක යක්ෂයා මුණගැහෙන්ට යොදුන් තිහක් මොහොතකින් වැඩියා. අංගුලිමාල මුණගැහෙන්ට යොදුන් හතළිස් පහක් මොහොතකින් වැඩියා. පුක්කුසාති මුණගැහෙන්ට සැවැත්නුවර ඉඳලා රජගහ නුවරට යොදුන් හතළිස් පහක් මොහොතකින් වැඩියා. ඊළඟට මහා කප්පිනයන් වහන්සේ මුණගැහෙන්ට යොදුන් දෙසීයක් මොහොතකින් වැඩියා. ඛදිරවනිය රේවත තෙරුන් වහන්සේ මුණගැහෙන්ට යොදුන් හත්සීයක් මොහොතකින් වැඩියා.

තිස්ස සාමණේරයෝ....

ධර්ම සේනාධිපතීන් වහන්සේගේ සද්ධිවිහාරික ශිෂ්‍ය නමක් හිටියා වනවාසික තිස්ස කියලා. උන්වහන්සේව මුණගැහෙන්න යොදුන් දෙසීයකුත් ගව් තුනක් මොහොතකින් වැඩියා. දවසක් සාරිපුත්තයන් වහන්සේ අහනවා බුදුරජාණන් වහන්සේගෙන් "ස්වාමීනී, තිස්ස සාමණේරයන් ගාවට මං පොඩ්ඩක් ගිහින් එන්නද?" කියලා. සාරිපුත්ත, මාත් එනවා කියනවා පොඩි නම බලන්ට. ආනන්දයන් වහන්සේට කියනවා "ආනන්දයෙනි, විසි දහසක් ෂඩ් අභිඥාලාභී රහතන් වහන්සේලාට ලෑස්ති වෙන්න කියන්න" කියලා.

දැන් ඔන්න විසිදහසක් රහතන් වහන්සේලා සමග අහසට පැනනැගිලා වනාන්තරය ආසන්නයේ ගොදුරු ගමින් ගොඩ බැස්සා. එතකොට ඒ ගමේ වැඩකරන මිනිස්සු බුදුරජාණන් වහන්සේ දැකලා අනේ අපගේ ශාස්තෘන් වහන්සේ වැඩම කළා කියලා අසුන් පනවලා දානමාන දෙන්ට හනිහනික සූදානම් වුනා.

බුද්ධ කාලයේ තිබුණ ශාසනික රටාව....

දානමාන දීලා උපාසකවරු අහනවා එතන හිටපු තරුණ භික්ෂූන් වහන්සේලාගෙන් 'ස්වාමීනී, භාග්‍යවතුන් වහන්සේ මේ කොහේ වඩින ගමන් ද?' කියලා. 'වෙන කොහේවත් වඩින්නේ නෑ. තිස්ස සාමණේරයන් බලන්ට යි වැඩියේ' කියනවා. ඊට පස්සේ තිස්ස සාමණේරයෝ ඇවිල්ලා බුදුරජාණන් වහන්සේට වන්දනා කළාම බුදුරජාණන් වහන්සේ අහනවා "තිස්සය, මේ වනාන්තරයේ සැපසේ වාසය කරනවාද?" කියලා.

"එහෙමයි ස්වාමීනී, මේ වනයේ සිංහයෝ ඉන්නවා, ව්‍යාඝ්‍රයෝ ඉන්නවා, මහා හස්තිරාජයෝ ඉන්නවා, මුවෝ ඉන්නවා, මොනරු ඉන්නවා. මෙයාලා කෑගහන්න කෑගහන්න මගේ හිත තැන්පත් වෙනවා. වනාන්තරේ ම ඉන්නවා කියලයි මට තේරෙන්නේ" කියනවා. එහෙනම් මං ඔයාට බුද්ධ දායාදය දෙන්න ඕනෙ කියලා උපසම්පදාව දෙනවා. ඒ තමයි තුරිත චාරිකා. බලන්න ඒ බුදුරජාණන් වහන්සේගේ කාලේ තිබුණ ශාසනික රටාව.

මහා කාරුණික සම්බුදු රජුන්....

ඊළඟට පින්වත්නි, අතුරිත චාරිකා කියන්නේ සාමාන්‍ය චාරිකාව. බුදුරජාණන් වහන්සේ සාමාන්‍ය චාරිකාවේ වැඩලා තියෙනවා මහා මණ්ඩල චාරිකා, මධ්‍ය මණ්ඩල චාරිකා, අන්තර මණ්ඩල චාරිකා (ඇතුලු මණ්ඩල චාරිකා) කියලා තුන් ආකාරයකට. මහා මණ්ඩල චාරිකාවේදී උන්වහන්සේ යොදුන් නවසීයක් වඩිනවා. ඒකට මාස නවයක් ගත වෙනවා. මධ්‍ය මණ්ඩල චාරිකාවේදී උන්වහන්සේ යොදුන් හයසීයක් වඩිනවා. ඒකට මාස අටක් යනවා.

ඇතුලු මණ්ඩල චාරිකාවේදී යොදුන් තුන්සීයක් වඩිනවා. සමහර අවස්ථාවල ඒ චාරිකාව මාස හතෙන් ඉවරයි. සමහර අවස්ථාවලදි මාස හයෙන් ඉවරයි. සමහර අවස්ථාවල මාස පහෙන් ඉවරයි. සමහර අවස්ථාවල මාස හතරෙන් ඉවරයි. උන්වහන්සේ ඒ හැම චාරිකාවක් ම වඩින්නේ දෙව් මිනිස් ලෝකයාට අනුග්‍රහ පිණිසයි. මොකද හේතුව, කවුරුහරි කෙනෙක් බුදුරජාණන් වහන්සේව දැකලා හිත පහදවා ගත්තොත්, මලක් හරි පූජා කළොත්, පිණ්ඩපාතේ හරි පූජා කළොත් එයාට

ඒක සුගතියේ යන්න උදව් වෙනවා. ඊළඟට සමහරු බුදුරජාණන් වහන්සේගෙන් ධර්මය අහලා පින් පව් විස්වාස කරලා ධර්ම මාර්ගයට යොමු වෙනවා. ඒ වගේ කාරණා සඳහා තමයි බුදුරජාණන් වහන්සේ අතුරිත චාරිකාවේ වඩින්නේ.

ධර්මයට මුල් තැන දෙන්න....

ඉතින් කපිලවස්තුවේ ඉඳලා අර භික්ෂූන් වහන්සේලා වඩිද්දි උන්වහන්සේ රජගහ නුවරනේ වැඩහිටියේ. ඊට පස්සේ බුදුරජාණන් වහන්සේ රජගහ නුවරින් චාරිකාවේ පිටත් වුනා සැවැත් නුවරට. රජගහ නුවර ඉඳලා සැවැත් නුවරට යොදුන් හතළිස්පහයි. පුණ්ණ මහරහතන් වහන්සේ මේ වෙලාවේ වැඩඉන්නේ කපිලවස්තුවේ. කපිලවස්තුව තමයි ජාතිභූමිය කියන්නේ. කපිලවස්තුවේ ඉඳලා සැවැත්නුවරට යොදුන් පහළොවයි.

මේ විස්තර අහනකොට හොඳටම තේරෙනවා මේ ඉන්දියාවේ වෙච්ච සිද්ධි කියලා. මෙහේ නෙවෙයි. අනේ... මිනිස්සුන්ට දඹදිව වන්දනා කරලා හිත පහදවා ගන්න තියෙන එකත් නැති වෙනවනෙ. ඊළඟට මිනිස්සුන්ට අඩුගානේ තව්තිසාවේවත් යන්න තියෙනවා නම් ඒකත් නැතිවෙනවානේ. මිනිස්සුන්ට පිනක් දහමක් කරගන්න තියෙනවා නම් ඒකත් නැතිවෙනවානේ. බලන්න තව අවුරුදු පහකින් රිසල්ට් එක කොහොමද කියලා. මං මේක කියන්නේ හැමෝම කෙරෙහි කරුණාවෙන්. බුදුරජාණන් වහන්සේගෙ ධර්මයට ම අපි මුල්තැන දෙන්න ඕනෙ නිසා.

බුද්ධිමත් වෙන්න....

අනිත් එක තමයි, ලංකාවේ ගොඩාක් සෙල්ලිපි අධ්‍යයනය කරලා තියෙනවා අපේ රටේ උතුම් හාමුදුරු

නමක්. ඒ තමයි එල්ලාවල මේධානන්ද නායක හාමුදුරුවෝ. උන්වහන්සේ තරම් ලංකාවේ පුරාණ සිද්ධස්ථානවල ඇවිදපු, ගවේෂණය කරපු වෙන කෙනෙක් ඉඳියි කියලා මං හිතන්නෙ නෑ. උන්වහන්සේ පුරාවිද්‍යා චක්‍රවර්ති. එහෙමනම් උන්වහන්සේ අවංකව ම කියනවනෙ 'මේ ඔක්කොම මං බැලුවා. බුදුරජාණන් වහන්සේ මෙහේ තමයි පහළ වුනේ' කියලා. එහෙම නෑ. ඒ නිසා අපි හොඳට බුද්ධිමත් වෙන්න ඕනෙ. එක එක්කෙනා කියපු පමණින් ඒවා ගන්නෙ නැති වෙන්න දක්ෂ වෙන්න ඕනෙ. නැත්නම් අපට පින් කරගන්න තියෙන අවස්ථාවත් අහිමි වෙලා යනවා.

ඉක්මනින් නොමග යන මිනිසුන්....

අන්තිමට වෙන්නෙ මොකක්ද, කෙනෙක් දඹදිව ගිහිල්ලා ඒ සිද්ධස්ථාන වන්දනා කරද්දි අර මතය පිළිගත්තු එක්කෙනා ඒක අනුමෝදන් වෙන්නෙවත් නෑ. හිතේ ද්වේෂයක් ඇතිකරගන්නවා. 'අනේ මේ මොකද බොරු ගමන් යන්නේ? අර හාමුදුරු කෙනෙක් හොයාගෙන නේ ඔක්කොම' කියලා දොස් කියනවා. හරී සංවේගජනකයි මේ මිනිස්සුන්ට වෙන දේවල් ගැන. ඒකයි අපි මේවා කියන්නේ මෙහෙම.

මගඵල දෙන එක ගැනත් මං මුලින් ම ඔබට විස්තර ඇතුව පැහැදිලි කරලා දුන්නේ ඒ නිසයි. මට එහෙම කියන්න අවශ්‍යතාවයක් තිබුනේ නෑ. මං ඉස්සර මේවා කියලා නෑ. මට මේවා කියන්ට සිද්ධ වුනේ සාමාන්‍ය මිනිස්සු ධර්මඥාණයක් නැති කමින් ඉක්මනට නොමග යන නිසයි. නොමග ගියාම හරි පැත්තට එන්න අමාරු නිසයි.

ශාස්තෘ සම්පත්තිය....

ඉතින් බුදුරජාණන් වහන්සේ සැවැත් නුවර වැඩියට පස්සේ පුණ්ණ මහරහතන් වහන්සේත් බුදුරජාණන් වහන්සේව බැහැදැකීම පිණිස සැවැත් නුවරට වඩින්ට කපිලවස්තුවෙන් පිටත් වුනා. ඔන්න පිළිවෙළින් වැඩම කරලා සැවැත් නුවර ජේතවනාරාමෙට වැඩියා. බුදුරජාණන් වහන්සේ දන්නවා කෙලින්ම ගන්ධ කුටියට වඩිනවා කියලා. උන්වහන්සේ ගන්ධකුටියේ දොර ඇරලා තිබ්බා. පුණ්ණ මහරහතන් වහන්සේ කුටිය ඇතුලට වැඩලා බුදුරජාණන් වහන්සේට වන්දනා කළා.

භික්ෂූන් වහන්සේ නමක් මේක දැක්කා. මේ වැඩියේ රජගහ නුවරදී බුදුරජාණන් වහන්සේ ප්‍රශංසා කරපු, සංඝයාට නිතර දස කථාවෙන් අවවාද කරන, දස කථාවට අයත් ගුණධර්මයන්ගෙන් සමන්විත වෙලා ඉන්න මන්තාණිපුත්ත පුණ්ණයන් වහන්සේ නොවැ කියලා අඳුනගත්තා.

සිත සතුටු කරවන ආරංචියක්....

ඒ භික්ෂුව ඉක්මනින් ගිහිල්ලා සාරිපුත්ත මහරහතන් වහන්සේගේ කනේ තියනවා "ස්වාමීනී, එදා ඔබවහන්සේ කිව්වා නේද 'අනේ හරී ලාභයක් මන්තාණිපුත්ත පුණ්ණයන් වහන්සේට. ශාස්තෘන් වහන්සේ ඉදිරියේ නුවණැති සබ්‍රහ්මචාරීන් වහන්සේලා පුණ්ණයන් වහන්සේගේ ගුණවල බැසගෙන බැසගෙන කතා කරනවා. ශාස්තෘන් වහන්සේත් ඒ කියන කියන එක අනුමෝදන් වෙනවා' කියලා. ආන්න මන්තාණිපුත්ත පුණ්ණයන් වහන්සේ භාග්‍යවතුන් වහන්සේව මුණගැහෙන්න වැඩලා" කියලා කිව්වා.

සාරිපුත්ත මහරහතන් වහන්සේ කෝ කෝ කියලා එළියට වැඩියා. ආන්න වඩිනවා ආපහු අන්ධවනය පැත්තට කිව්වා. දැන් උන්වහන්සේ ඈත වඩිනවා පේනවා. සාරිපුත්ත මහරහතන් වහන්සේ 'හෝ හෝ ඉන්න... මේ එනවා...' කියලා එහෙම කෑ ගැහිල්ලක් නෑ. ඉර්ධි තියෙනවා සාරිපුත්තයන් වහන්සේට. ඉර්ධියෙන් ළං වෙන්නෙත් නෑ. ඇයි හේතුව? අල්පේච්ඡයි. අධිගමයෙන් උදම් අනන්නේ නෑ. මේකේ කියනවා සාරිපුත්තයන් වහන්සේ (**තරමානරූපෝ**) කලබලෙන් (**නිසීදනං ආදාය**) වාඩිවෙලා හිටපු නිසීදනය අතට අරගෙන (**ආයස්මන්තං පුණ්ණං මන්තාණිපුත්තං පිට්ඨිතෝ පිට්ඨිතෝ අනුබන්ධි සීසානුලෝකී**) පුණ්ණයන් වහන්සේගේ පිටිපස්සෙන් උන්වහන්සේගේ හිස පෙනි පෙනී වැඩම කළා. මේ දේශනාවේ ඉතුරු ටික අපි හවසට ඉගෙන ගනිමු.

සාදු! සාදු!! සාදු!!!

නමෝ තස්ස භගවතෝ අරහතෝ සම්මාසම්බුද්ධස්ස
ඒ භාග්‍යවත් අර්හත් සම්මා සම්බුදුරජාණන් වහන්සේට නමස්කාර වේවා!

02.
සවස් වරුවේ
ධර්ම දේශනය

සැදැහැවත් පින්වත්නි,

අද අපි ඉගෙන ගනිමින් සිටින්නේ මජ්ඣිම නිකායට අයිති රථවිනීත කියන සූත්‍ර දේශනාව. රථවිනීත කියලා කියන්නේ හීකරු අශ්වයන් යෙදූ රථය ගැන වදාළ දෙසුම. විනීත කිව්වේ හික්මුණු. හීකරු බවට පත්වෙච්ච අස්පයෝ බැඳපු රථය උපමා කරගෙන තමයි මන්තාණිපුත්ත පුණ්ණ මහරහතන් වහන්සේ අපේ සාරිපුත්ත මහරහතන් වහන්සේත් එක්ක මේ විස්තරේ කියන්නේ.

බුදුරජාණන් වහන්සේ ඉන්දියාවේ පහළ වූ බවට තවත් හොඳ සාධකයක් මම ඔබට මතක් කරන්නම්. අපි උදේ වරුවේ මේ දේශනාවේ ඉගෙන ගත්තා ජාතිභූමියේ වස් වසපු භික්ෂූන් වහන්සේලා බුදුරජාණන් වහන්සේව බැහැදකින්ට රජගහ නුවරට වැඩියා කියලා. වස් වසන්නේ කොයි කාලෙද? ජූලි මාසේ පොහොය දවසේ ඉඳන් නොවැම්බර් මාසේ පෝය දක්වා මාස හතරක කාලයක්

තමයි වස් වසන්නේ. ඒ කාලෙට ලංකාවට වහිනවා ද පායනවා ද? පායනවා. ඒ මාසවල ලංකාවට වැස්ස නෑ. මෙහෙට වැස්ස වැඩිපුරම තියෙන්නේ අප්‍රේල්, මැයි මාසවල. හැබැයි ඉන්දියාවට වැස්ස වහින්න පටන් ගන්නේ ජූලි මාසෙ. පටන් අරගෙන ජූලි, අගෝස්තු, සැප්තැම්බර් මාසවල හොඳට වහිනවා. ඒකයි සැප්තැම්බර් මාසෙවත් දඹදිව වන්දනාවේ යන්නේ නැත්තේ. ඒ කාලෙට ගංවතුර ගලලා පාරවල් යටවෙලා. ඒකත් හොඳම සාධකයක් බුදුරජාණන් වහන්සේ ඉන්දියාවේ උපන්න බවට. ඔක්තෝබර් වෙනකොට ඔන්න පෙර වස් ඉවරයි. ඊට පස්සේ නොවැම්බර් පෝය වෙනකම් චීවර මාසෙ. නොවැම්බර් පෝයෙන් පස්සේ චාරිකාවේ වඩින්ට පටන් ගන්නවා.

රහතුන්ගේ සංයමය....

අපි මේ දේශනාවේ මන්තාණිපුත්ත පුණ්ණ මහරහතන් වහන්සේ භාග්‍යවතුන් වහන්සේ සමග දහම් කතාවේ යෙදිලා අන්ධවනයට වඩින අවස්ථාව වෙනකම් කොටස ඉගෙන ගත්තා. උන්වහන්සේ අන්ධවනයට වඩින වග ආරංචි වෙලා අපගේ ධර්ම සේනාධිපති සාරිපුත්ත මහරහතන් වහන්සේත් පුණ්ණයන් වහන්සේගේ හිස පෙනි පෙනී ඒ පිටිපස්සෙන් ම අන්ධ වනයට වැඩම කළා. ඔන්න මන්තාණිපුත්ත පුණ්ණයන් වහන්සේ අන්ධ වනයට වැඩලා රුක් සෙවනක තමන්ගේ නිසීදනය එළාගෙන වාඩිවෙලා භාවනා කරනවා.

උන්වහන්සේ දන්නෙ නෑ පිටිපස්සෙන් සාරිපුත්තයන් වහන්සේ වැඩියා කියලා. සාරිපුත්තයන් වහන්සේත් උන්වහන්සේට ඩිස්ටර්බ් කරන්න ආවේ නෑ.

අපට නම් කවුරු හරි හම්බ වෙන්න පස්සෙන් ගියාම අවශ්‍ය කාරණේ කතා කරනකම් තදියම් නැද්ද? අපි හති දමාගෙන දුවගෙන ගිහිල්ලා 'අම්මේ මට හරි මහන්සියි. අපි මේ ඔබවහන්සේ හම්බ වෙන්නමයි හිටියේ. මං තමයි අසවලා. හා හා... පොඩ්ඩක් ඔහොම ඉන්න. මටත් මේ කතා කරන්න ඕනකම තියෙනවා' කියලා ඊට පස්සේ ඉක්මනට වාඩිවෙලා පටන් ගන්නේ නැද්ද කතාව? මේකේ එහෙම මොකුත් නෑ.

සාරිපුත්ත මහරහතන් වහන්සේ ළඟට එද්දි උන්වහන්සේ රුක් සෙවනක ඇස් වහගෙන භාවනාවේ. එතකොට සාරිපුත්තයන් වහන්සේත් රුක් සෙවනකට වැඩලා භාවනානුයෝගීව වැඩ හිටියා. බලන්නකෝ ලස්සන. දැන් තේරුම් ගන්න හැබෑ රහතන් වහන්සේලාගේ යුගය ගැන කතාව.

මහාසාර බ්‍රාහ්මණ පවුල්වලින් ආපු අය....

ඔන්න හවස් වෙලා මන්තාණිපුත්ත පුණ්ණ මහරහතන් වහන්සේ භාවනාවෙන් නැගිට්ටා. නැගිටලා වටපිට එහෙම බල බල ඉන්නකොට සාරිපුත්තයන් වහන්සේ මන්තාණිපුත්තයන් වහන්සේ ළඟට වැඩියා. මේ වැඩලා ඉන්නේ සාරිපුත්ත මහරහතන් වහන්සේ කියලා මන්තාණිපුත්ත මහරහතන් වහන්සේ දන්නෙ නෑ. මේ දෙනම වහන්සේ ම බ්‍රාහ්මණ පවුල්වලින් ආපු අය. සාරිපුත්ත මහරහතන් වහන්සේ සාරී කියන බ්‍රාහ්මණතුමියගේ පුත්‍රයා. මන්තාණිපුත්ත පුණ්ණ මහරහතන් වහන්සේ මන්තාණි කියන බ්‍රාහ්මණතුමියගේ පුත්‍රයා.

ඉතින් සාරිපුත්ත මහරහතන් වහන්සේ ළඟට ඇවිල්ලා පිළිසඳර කතාවේ යෙදිලා පැත්තකින්

වාඩිවුනා. පිළිසඳර කතාවේ කොහොම යෙදුනාද කියලා කියන්න අපි දන්නෙ නෑ. ඒ කියන්නේ දැන් මෙතනදි ඉස්සෙල්ලාම නම් ගම් අහලා නෑ. නම් ගම් අහන්නේ පස්සේ. සමහරවිට අහන්න ඇත්තේ 'ඔබවහන්සේට බොහොම වෙහෙස ඇති... කපිලවස්තුවේ ඉඳලා නේද වැඩියේ...' ආදී වශයෙන්. සාරිපුත්ත මහරහතන් වහන්සේ තමන් ගැන කිව්වෙත් නෑ මං අසවල් කෙනා ය කියලා. උන්වහන්සේගෙන් ඔබවහන්සේ ද මන්තාණිපුත්ත කියන්නේ කියලා ඇහුවෙත් නෑ. නම් ගම් අහන්නෙ නැතුව පිළිසඳර කතා කරලා.

බුදු සසුනේ බඹසර වසන්නේ ඇයි...?

ඊට පස්සේ සාරිපුත්ත මහරහතන් වහන්සේ පුණ්ණ මහරහතන් වහන්සේගෙන් අහනවා (භගවති නෝ ආවුසෝ බ්‍රහ්මචරියං වුස්සති) "ආයුෂ්මතුන් වහන්ස, ඔබ භාග්‍යවතුන් වහන්සේගේ ශාසනයේ බඹසර රකින කෙනෙක් නේද?" කියලා. "එහෙමයි ආයුෂ්මතුන් වහන්ස" කියලා පුණ්ණයන් වහන්සේ පිළිතුරු දෙනවා. ඊළඟට අහනවා "ආයුෂ්මතුන් වහන්ස, භාග්‍යවතුන් වහන්සේගේ ශාසනයේ බඹසර වසන්නේ (සීලවිසුද්ධත්ථං) සීලයෙන් පිරිසිදු වීමට ද?" (නෝ හිදං ආවුසෝ) "ආයුෂ්මතුන් වහන්ස, ඒකට නම් නෙවෙයි."

"එහෙනම් ආයුෂ්මතුන් වහන්ස, භාග්‍යවතුන් වහන්සේ ළඟ බඹසර වසන්නේ (චිත්තවිසුද්ධත්ථං) සිතේ පිරිසිදු බව පිණිස ද?" "ආයුෂ්මතුන් වහන්ස, ඒකටත් නෙවෙයි." ඊට පස්සේ අහනවා "එහෙමනම් ආයුෂ්මතුන් වහන්ස, භාග්‍යවතුන් වහන්සේ ළඟ බඹසර වසන්නේ තමන්ගේ (දිට්ඨි විසුද්ධත්ථං) දැක්ම පිරිසිදු කරගන්ට ද?

දෘෂ්ටි පාරිශුද්ධියට ද?" "ආයුෂ්මතුන් වහන්ස, ඒකටත් නෙවෙයි." ඊළඟට අහනවා "එහෙමනම් ආයුෂ්මතුන් වහන්ස, භාග්‍යවතුන් වහන්සේ ළඟ බඹසර වසන්නේ **(කංඛාවිතරණවිසුද්ධත්ථං)** සැක දුරුකරගෙන පිරිසිදු වෙන්ට ද?" "ඒකටත් නෙවෙයි ආයුෂ්මතුන් වහන්ස."

සප්ත විශුද්ධි....

ඊට පස්සේ අහනවා සාරිපුත්තයන් වහන්සේ "එහෙමනම් ආයුෂ්මතුන් වහන්ස, භාග්‍යවතුන් වහන්සේ ළඟ බඹසර වසන්නේ **(මග්ගාමග්ග ඤාණදස්සන විසුද්ධත්ථං)** මගත් නොමගත් ගැන නුවණින් දැකීම පිරිසිදු කරන්ට ද?" **(නෝ හිදං ආවුසෝ)** "ආයුෂ්මතුන් වහන්ස, ඒකටත් නෙවෙයි." "එහෙමනම් ආයුෂ්මතුන් වහන්ස, භාග්‍යවතුන් වහන්සේ ළඟ බඹසර වසන්නේ **(පටිපද ඤාණදස්සන විසුද්ධත්ථං)** ප්‍රතිපදාව නුවණින් දැකීම පිරිසිදු කරගන්ට ද?" **(නෝ හිදං ආවුසෝ)** "ආයුෂ්මත, ඒකටත් නෙවෙයි." "එහෙමනම් ආයුෂ්මතුන් වහන්ස, භාග්‍යවතුන් වහන්සේ ළඟ බඹසර වසන්නේ **(ඤාණදස්සන විසුද්ධත්ථං)** නුවණින් දැකීම ම පිරිසිදු කරගන්ට ද?" "ඒකටත් නෙවෙයි ආයුෂ්මතුන් වහන්ස" කියලා පුණ්ණ මහරහතන් වහන්සේ පිළිතුරු දෙනවා.

දැන් මෙතනදි සාරිපුත්තයන් වහන්සේ ප්‍රශ්න හතක් ඇහුවා. මේ හතට තමයි අපි කියන්නේ සප්ත විශුද්ධි කියලා. සප්ත විශුද්ධි කියන්නේ පිරිසිදු වීම් හත. පිරිසිදු වීම් හත ගැන මේ ප්‍රශ්න අහනකොට එකක් එකක් ගානේ පුණ්ණ මහරහතන් වහන්සේගේ පිළිතුර වුනේ මොකක්ද? භාග්‍යවතුන් වහන්සේ ළඟ බඹසර වසන්නේ මේ එකකටවත් නෙවෙයි කියලයි.

ගම්භීර දහම් සංවාදය....

එතකොට සාරිපුත්තයන් වහන්සේ අහනවා "හරි වැඩක් නොවැ ආයුෂ්මතුනි. භාග්‍යවතුන් වහන්සේ ළඟ බඹසර වසන්නේ සීලයෙන් පිරිසිදු වීමට ද කියලා ඇහුවාම ඔබවහන්සේ නැතෙයි කියනවා. භාග්‍යවතුන් වහන්සේ ගාව බඹසර වසන්නේ එහෙමනම් සිත පිරිසිදු කරගැනීමට ද කියලා ඇහුවාමත් නැතෙයි කියනවා. භාග්‍යවතුන් වහන්සේ ළඟ බඹසර වසන්නේ දෘෂ්ටිය පිරිසිදු කරගැනීමට ද කියලා ඇහුවාම ඒකටත් නැතෙයි කියනවා. භාග්‍යවතුන් වහන්සේ ළඟ බඹසර වසන්නේ සැක දුරු කරගෙන පිරිසිදු වෙන්ට ද කියලා ඇහුවාම ඒකටත් නැතෙයි කියනවා.

භාග්‍යවතුන් වහන්සේ ළඟ බඹසර වසන්නේ මග නොමග දැනගෙන පිරිසිදු වෙන්ට ද කියලා ඇහුවාම ඒකටත් නැතෙයි කියනවා. භාග්‍යවතුන් වහන්සේ ළඟ බඹසර වසන්නේ ප්‍රතිපදාව නුවණින් දැක පිරිසිදු වෙන්ට ද කියලා ඇහුවාම ඒකටත් නැතෙයි කියනවා. භාග්‍යවතුන් වහන්සේ ළඟ බඹසර වසන්නේ නුවණින් දැක පිරිසිදු වෙන්ට ද කියලා ඇහුවාම ඒකටත් නැතෙයි කියනවා. එහෙමනම් ආයුෂ්මතුනි, භාග්‍යවතුන් වහන්සේ ළඟ බඹසර රකින්නේ කුමකට ද?" කියලා අහනවා.

අනුපාදා පරිනිර්වාණය....

එතකොට මන්තාණිපුත්ත පුණ්ණ මහරහතන් වහන්සේ වදාරනවා (**අනුපාදා පරිනිබ්බානත්ථං ඛෝ ආවුසෝ භගවති බ්‍රහ්මචරියං වුස්සති**) "ආයුෂ්මත, මං භාග්‍යවතුන් වහන්සේ ළඟ බඹසර රකින්නේ

කිසිවකට ග්‍රහණය නොවී පිරිනිවන් පාන්ටයි. එතකොට සාරිපුත්තයන් වහන්සේ අහනවා "ආයුෂ්මතුනි, සීලයෙන් පිරිසිදු වීම අනුපාදා පරිනිබ්බානය නේද?" **(නෝ හිදං ආවුසෝ)** "ආයුෂ්මතුනි, ඒක එහෙම නෙවෙයි." "එහෙමනම් ආයුෂ්මතුනි, සිත පිරිසිදු වීම අනුපාදා පරිනිර්වාණය නේද?" "ආයුෂ්මතුනි, ඒකත් එහෙම නෙවෙයි." "එහෙම නම් ආයුෂ්මතුනි, දෘෂ්ටිය පිරිසිදු වීම අනුපාදා පරිනිබ්බානය නේද?" පූර්ණ මහරහතන් වහන්සේ කියනවා "එහෙමත් නෙවෙයි ආයුෂ්මතුනි."

ඊට පස්සේ අහනවා "එහෙනම් ආයුෂ්මතුනි, සැක දුරු කරගෙන පිරිසිදු වීම අනුපාදා පරිනිබ්බානය නේද?" "ඒක එහෙම නෙවෙයි ආයුෂ්මතුනි." "එහෙනම් ආයුෂ්මතුනි, මග නොමග දැනගෙන පිරිසිදු වීම අනුපාදා පරිනිබ්බානය නේද?" "ඒකත් එහෙම නෙවෙයි ආයුෂ්මතුනි." ඊළඟට සාරිපුත්තයන් වහන්සේ අහනවා "ආයුෂ්මතුනි, එහෙනම් ප්‍රතිපදාව නුවණින් දැක පිරිසිදු වීම අනුපාදා පරිනිබ්බානය නේද?" "ඒකත් එහෙම නෙවෙයි ආයුෂ්මතුනි" කියනවා. ඊට පස්සේ අහනවා "ආයුෂ්මතුනි, නුවණින් දැක පිරිසිදු වීම අනුපාදා පරිනිබ්බානය නේද?" **(නෝ හිදං ආවුසෝ)** "ආයුෂ්මතුනි, ඒකත් එහෙම නෙවෙයි" කියනවා.

කිසිවකට නොබැඳී පිරිනිවන් පෑම....

එතකොට සාරිපුත්ත මහරහතන් වහන්සේ අහනවා "ආයුෂ්මතුනි, මේක හරි කතාවක් නෙ. මං දැන් ඔබවහන්සේගෙන් ඇහුවා සීලයෙන් පිරිසිදු වීම (සීල විසුද්ධිය) අනුපාදා පරිනිබ්බානය නේද කියලා. ඔබවහන්සේ නැතෙයි කියනවා. සිත පිරිසිදු වීම (චිත්ත

විසුද්ධිය) අනුපාදා පරිනිබ්බානය නේද කියලා ඇහුවා. ඔබවහන්සේ ඒකත් එහෙම නැතෙයි කියනවා. ඊට පස්සේ දෘෂ්ටිය පිරිසිදු වීම (දිට්ඨි විසුද්ධිය) අනුපාදා පරිනිබ්බානය නේද කියලා ඇහුවා. ඔබවහන්සේ ඒකත් නැතෙයි කියනවා. ඊළඟට සැක දුරුකිරීමෙන් පිරිසිදු වීම (කංඛාවිතරණ විසුද්ධිය) අනුපාදා පරිනිබ්බානය නේද කියලා ඇහුවා. ඔබවහන්සේ ඒකත් නැතෙයි කියනවා.

ඊළඟට මග නොමග නුවණින් දැක පිරිසිදු වීම (මග්ගාමග්ගඤාණදස්සන විසුද්ධිය) අනුපාදා පරිනිබ්බානය නේද කියලා ඇහුවා. ඔබවහන්සේ ඒකත් නැතෙයි කියනවා. ප්‍රතිපදාව නුවණින් දැක පිරිසිදු වීම (පටිපදා ඤාණදස්සන විසුද්ධිය) අනුපාදා පරිනිබ්බානය නේද කියලා ඇහුවා. ඔබවහන්සේ ඒකත් නැතෙයි කියනවා. නුවණින් දැකීමෙන් පිරිසිදු වීම (ඤාණදස්සන විසුද්ධිය) අනුපාදා පරිනිබ්බානය නේද කියලා ඇහුවා. ඒකත් නැතෙයි කියනවා. අනේ ආයුෂ්මතුනි, මේ කියපු කතාවේ තේරුම මං දැනගත යුත්තේ කොහොමද?" කියලා ඇහුවා.

උපාදාන සහිත කෙනෙක් පිරිනිවන් පාන්නේ නම් නෑ....

දැන් මේ කතා කරන්නේ අග්‍රශ්‍රාවක සාරිපුත්තයන් වහන්සේත් එක්ක කියලා පුණ්ණ මහරහතන් වහන්සේ දන්නෙ නෑ. උන්වහන්සේ හිතුවේ මේ සාමාන්‍ය භික්ෂුවක් කියලයි. පුණ්ණ මහරහතන් වහන්සේ සාරිපුත්තයන් වහන්සේට කියනවා (**සීලවිසුද්ධිං චේ ආවුසෝ භගවා අනුපාදා පරිනිබ්බානං පඤ්ඤාපෙස්ස**) "ආයුෂ්මතුනි, අපගේ භාග්‍යවතුන් වහන්සේ සීල විසුද්ධියෙන් විතරක්

අනුපාදා පරිනිර්වාණය (අනුපාදා පරිනිබ්බාන කියන්නේ උපාදාන රහිතව පිරිනිවන් පෑම) වෙනවා කියලා වදාළා නම් (**සඋපාදානං යේව සමානං අනුපාදා පරිනිබ්බානං පඤ්ඤාපෙස්ස**) එහෙනම් උපාදාන සහිත කෙනෙක් ම යි පිරිනිවන් පානවා කියලා උන්වහන්සේ පනවන්නේ."

එතකොට දැන් පුණ්ණ මහරහතන් වහන්සේ මේ කියන්නේ තමන්ගේ මතයක් නෙවෙයි. මේ කියන්නේ භාග්‍යවතුන් වහන්සේගේ වචනයක්. භාග්‍යවතුන් වහන්සේ තමයි ධර්මස්වාමී. මේ පොයින්ට්ස් හොඳට තේරුම් ගන්න. තමන්ගේ කතාවක් නෙවෙයි මේ යන්නේ. භාග්‍යවතුන් වහන්සේ සීලයෙන් විසුද්ධියට පත්වෙච්ච එක්කෙනෙක් පිරිනිවන් පානවා කියලා පනවනවා නම් එහෙනම් භාග්‍යවතුන් වහන්සේ පිරිනිවන් පානවා කියලා පනවන්නේ උපාදාන සහිත කෙනෙක් ම යි කියනවා.

ගැඹුරු සමාධියක් ලැබූ පමණින් මාර්ගය සම්පූර්ණ වෙන්නේ නෑ....

ඊළඟට කියනවා "ඒ වගේම ආයුෂ්මතුනි, භාග්‍යවතුන් වහන්සේ චිත්ත විසුද්ධිය ලැබූ පමණින් කෙනෙක් පිරිනිවන් පානවා කියලා පනවනවා නම්, එහෙනම් භාග්‍යවතුන් වහන්සේ පිරිනිවන් පානවා කියලා පනවන්නේ උපාදාන සහිත කෙනෙක් ම යි. ඒ වගේම ආයුෂ්මතුනි, දෘෂ්ටි විසුද්ධිය ලැබූ පමණින් අනුපාදා පරිනිබ්බානයට පත්වෙනවා කියලා භාග්‍යවතුන් වහන්සේ පනවනවා නම් එහෙනම් උන්වහන්සේ පනවන්නේ උපාදාන සහිත කෙනෙක් ගැනයි. ඊළඟට කංඛා විතරණ විසුද්ධියෙන් අනුපාදා පරිනිබ්බාණය වෙනවා කියලා භාග්‍යවතුන් වහන්සේ පනවනවා නම්

එහෙනම් භාග්‍යවතුන් වහන්සේ පනවන්නේ උපාදාන සහිත කෙනෙක් ගැනයි.

පෘථග්ජනයා සප්ත විසුද්ධියෙන් තොරයි....

ඊළඟට ආයුෂ්මතුනි, මග්ගාමග්ග ඤාණ දස්සන විසුද්ධියෙන් කෙනෙක් පිරිනිවන් පානවා කියලා භාග්‍යවතුන් වහන්සේ පනවනවා නම් ඒත් උපාදාන සහිත කෙනෙක් ගැනයි ඒ විදිහට පනවන්නේ. ඊළඟට පටිපදා ඤාණදස්සන විසුද්ධියෙන් පිරිනිවන් පානවා කියලා භාග්‍යවතුන් වහන්සේ පනවනවා නම් එහෙනම් උපාදාන සහිත කෙනෙක් තමයි පිරිනිවන් පාන්නේ. ඊළඟට ඤාණදස්සන විසුද්ධියෙන් පමණක් කෙනෙක් පිරිනිවන් පානවා නම් එහෙනම් භාග්‍යවතුන් වහන්සේ පනවන්නේ උපාදාන සහිත කෙනෙක් ගැනයි. ආයුෂ්මතුනි, මේ කියපු සප්ත විසුද්ධියෙන් තොරව කෙනෙක් පිරිනිවන් පානවා නම් එහෙනම් පෘථග්ජනයාත් පිරිනිවන් පානවා. **(පුථුජ්ජනෝ හි ආවුසෝ අඤ්ඤත්‍ර ඉමේහි ධම්මේහි)** ආයුෂ්මතුනි, පෘථග්ජනයා මේ ධර්ම හතෙන් තොරයි."

සැවැත් නුවරින් සාකේතයට....

ඊට පස්සේ මන්තාණිපුත්ත පුණ්ණ මහරහතන් වහන්සේ වදාරනවා "ආයුෂ්මතුන් වහන්ස, මං ඔබවහන්සේට උපමාවක් කියන්නම්. උපමාවෙනුත් නුවණ තියෙන අයට තේරුම දැනගන්ට පුළුවනි." කියලා. දැන් මේ දහම් සංවාදය සිද්ධ වෙන්නේ කොහෙද? සැවැත්නුවර අන්ධ වනයේ. සැවැත්නුවර අයිති රාජධානිය මොකක්ද? කෝසල රාජධානිය. කෝසල රාජධානියේ රජ්ජුරුවෝ කවුද? කොසොල් රජ්ජුරුවෝ. උන්වහන්සේ උපමාවට ගන්නවා කොසොල් රජ්ජුරුවන්ව.

"ආයුෂ්මතුනි, ඔන්න අපි මෙහෙම හිතමු. සැවැත් නුවර වාසය කරන පසේනදී කොසොල් රජ්ජුරුවන්ට අත්‍යාවශ්‍ය කරුණකට සාකේතයට යන්ට වෙනවා. (සාකේතය තියෙන්නේ බරණැස් රාජධානියේ. කොසොල් රජ්ජුරුවන්ගේ යටතේ තමයි ඒකත් තියෙන්නේ) එතකොට කොසොල් රජ්ජුරුවන්ගේ සේවකයෝ සැවැත් නුවරත් සාකේත නුවරත් අතර **(සත්ත රථවිනීතානි උපට්ඨපෙය්‍යුං)** හොඳට හික්මවාපු අශ්වයන් යෙදූ අශ්ව රථ හතක් තැනින් තැන සූදානම් කරලා තියනවා.

හත්වෙනි රථයෙන් සාකේත නුවරට....

එතකොට ආයුෂ්මතුනි, කොසොල් රජ්ජුරුවෝ සැවැත් නුවරින් නික්මිලා මාලිගාවෙන් එළියට ඇවිදින් පළවෙනි අශ්ව රථයට ගොඩවෙනවා. ඒ අශ්වරථයෙන් දෙවෙනි අශ්වරථය තියෙන තැනට එනවා. ඇවිල්ලා ඒකෙන් බැහැලා දෙවෙනි රථයට ගොඩවෙනවා. දෙවෙනි රථයෙන් තුන්වෙනි අශ්වරථය සූදානම් කරලා තියෙන තැනට එනවා. ඇවිල්ලා ඒකෙන් බැහැලා තුන්වෙනි රථයට නගිනවා. තුන්වෙනි එකෙන් ටිකක් දුර යනකොට හතරවෙනි අශ්ව කරත්තය ලෑස්තියි. ඔන්න තුන්වෙනි රථයෙන් බැහැලා හතරවෙනි එකට ගොඩවෙනවා.

ඒකෙන් ගිහිල්ලා පස්වෙනි අශ්ව කරත්තයට ගොඩවෙනවා. පස්වෙනි එකෙන් ගිහිල්ලා හයවෙනි රථයට ගොඩවෙනවා. හයවෙනි රථයෙන් හත්වෙනි රථය සූදානම් කරලා තියෙන තැනට යනවා. ගිහිල්ලා හයවෙනි රථයෙන් බැහැලා හත්වෙනි අශ්වරථයට ගොඩවෙනවා. හත්වෙනි රථයේ නැගිලා සාකේත නගරයේ ඇතුලු නුවර දොරටුව ළඟට යනවා. ගිහිල්ලා බැස්ස ගමන්

ඔන්න කොසොල් රජ්ජුරුවන්ගේ ඤාති හිතමිත්‍රාදී පිරිස රජ්ජුරුවන්ව පිළිගන්ට එනවා.

මාතර සිට පොල්ගහවෙලට....

දැන් අපි කියමු ඔබ මෙහේ (පොල්ගහවෙල මහමෙව්නාව අසපුවේ) වැඩසටහනට මාතර ඉඳලා එනවා කියලා. ඉතින් කලින් දවසේ රෑ, ගෙදර ඉඳන් අඳුරන ත්‍රීවිල් ඩ්‍රයිවර් කෙනෙකුට කෝල් කරනවා හෙට උදේ පාන්දර අසවල් වෙලාවට එන්න කියලා. ඔන්න පහුවදා පාන්දර ත්‍රීවිල් එක ආවා. ගෙදරින් ත්‍රීවිල් එකට ගොඩවෙලා ත්‍රීවිල් එකෙන් එනවා මාතර බස් ස්ටෑන්ඩ් එකට. එනකොට පිටකොටුව බස් එකක් පිටත් වෙන්ට සූදානම්. ඔන්න ත්‍රීවිල් එකෙන් බැහැලා බස් එකට ගොඩවෙනවා. ඒ බස් එකෙන් එනවා පිටකොටුවට.

පිටකොටුවෙන් බහිනකොට කුරුණෑගල බස් එක නවත්තලා තියෙනවා. අර බස් එකෙන් බැහැලා කුරුණෑගල බස් එකට ගොඩවෙනවා. ඒ බස් එකෙන් ඇවිල්ලා යාන්ගල්මෝදර හන්දියෙන් බහිනවා. බහිනකොට අසපුව පැත්තට එන බස් එක නවත්තලා තියෙනවා. ඒ බස් එකට ගොඩවෙලා ඒකෙන් ඇවිල්ලා අසපුව ඉස්සරහින් බහිනවා. බැහැලා මෙතනට එනකොට විස්කෝතුවකුයි තේ එකකුයි දීලා පිළිගන්නවා. එතකොට ඔබ මාතර ඉඳන් ත්‍රීවිල් එකෙන් ම මෙහෙට ආවද, නැත්නම් වාහනෙන් වාහනේට මාරුවෙවී ආවද? අන්න එහෙම තමයි මේක වෙලා තියෙන්නේ.

සැවැත් නුවර ඉඳන් ම මේකෙද ආවේ....?

ඉතින් කොසොල් රජ්ජුරුවෝ ඒ විදිහට සාකේත නුවරට ආවාට පස්සේ නෑදෑයෝ, යාළුවෝ

රජ්ජුරුවන්ගෙන් අහනවා "රජතුමනි, සැවැත් නුවර ඉඳලම ඔබවහන්සේ මේ අශ්වරථයෙන් ද ආවේ?" කියලා. ආයුෂ්මතුනි, රජ්ජුරුවෝ හරියට උත්තර දෙනවා නම් කොහොමද උත්තර දෙන්නේ?" කියලා අහනවා. එතකොට සාරිපුත්ත මහරහතන් වහන්සේ උත්තර දෙනවා "ආයුෂ්මතුනි, රජ්ජුරුවෝ හරියට උත්තර දෙනවා නම් උත්තර දෙන්නේ මෙහෙමයි. 'මං සැවැත් නුවර ඉන්නකොට සාකේතයට එන්ට කාරණාවක් යෙදුනා. එතකොට සේවකයෝ මට ලෑස්ති කළා වාහන හතක්. මං මාලිගාවෙන් එළියට බැහැලා පළවෙනි අශ්ව කරත්තෙට නැග්ගා. නැගලා ඒකෙන් ඇවිල්ලා දෙවෙනි එකට නැග්ගා.

දෙවෙනි රථයෙන් ඇවිල්ලා ඊළඟ හන්දියෙන් බැස්සා. එතකොට තුන්වෙනි රථය ලෑස්තියි. මං ඒකට ගොඩ වුනා. ඒකෙන් ඇවිල්ලා ඊළඟ හන්දියෙන් බැස්සා. එතකොට හතරවෙනි රථය ලෑස්තියි. මං ඒකට ගොඩ වුනා. ඒකෙන් ඇවිල්ලා ඊළඟ හන්දියෙන් බැස්සා. එතකොට පස්වෙනි රථය ලෑස්තියි. මං ඒකට ගොඩවුනා. ඒකෙන් ඇවිල්ලා ඊළඟ හන්දියෙන් බැස්සා. එතන හයවෙනි රථය තිබුනා. මං ඒකට නැග්ගා. ඒකෙන් ඇවිල්ලා ඊළඟ හන්දියෙන් බැස්සාම හත්වෙනි අශ්වරථය ලේස්ති කරලා තිබුනා. මං ඒකට නැග්ගා. ඒ හත්වෙනි රථයෙන් තමයි මෙතනට ආවේ' කියලා. ආන්න එහෙම තමයි ආයුෂ්මතුනි, රජ්ජුරුවෝ හරියට උත්තර දෙනවා නම් උත්තර දිය යුත්තේ."

අනුපිළිවෙළින් පරිනිර්වාණය කරා....

එතකොට මන්තාණිපුත්ත පුණ්ණ මහරහතන් වහන්සේ වදාරනවා (ඒවමේව ආවුසෝ) "ආයුෂ්මතුනි,

ඔය විදිහමයි. **(සීලවිසුද්ධි යාවදේව චිත්තවිසුද්ධත්ථා)** සීල විසුද්ධිය තියෙන්නේ චිත්ත විසුද්ධිය කරා යන්ටයි. චිත්ත විසුද්ධිය තියෙන්නේ දිට්ඨි විසුද්ධිය කරා යන්ටයි. දිට්ඨි විසුද්ධිය තියෙන්නේ කංඛාවිතරණ විසුද්ධිය කරා යන්නයි. කංඛාවිතරණ විසුද්ධිය තියෙන්නේ මග්ගාමග්ග ඤාණදස්සන විසුද්ධිය කරා යන්ටයි. මග්ගාමග්ග ඤාණදස්සන විසුද්ධිය තියෙන්නේ පටිපදා ඤාණදස්සන විසුද්ධිය කරා යන්ටයි.

පටිපදා ඤාණදස්සන විසුද්ධිය තියෙන්නේ ඤාණදස්සන විසුද්ධිය කරා යන්ටයි. **(ඤාණදස්සන විසුද්ධි යාවදේව අනුපාදා පරිනිබ්බානත්ථා)** ඤාණදස්සන විසුද්ධිය තියෙන්නේ කිසිවකට ග්‍රහණය නොවී අනුපාදා පරිනිර්වාණය ලබන්ටයි. අන්න ඒ අනුපාදා පරිනිර්වාණය පිණිසයි මම භාග්‍යවතුන් වහන්සේගේ ශාසනයේ බඹසර රකින්නේ" කිව්වා.

මම තමයි මන්තාණිපුත්ත පුණ්ණ....

ඔය විදිහට විස්තර කළාම සාරිපුත්ත මහරහතන් වහන්සේ අහනවා "ආයුෂ්මතුන් වහන්ස, හැබෑටම ඔබවහන්සේගේ නම මොකක්ද? සබ්‍රහ්මචාරීන් වහන්සේලා ඔබවහන්සේව දන්නෙ කොහොමද?" කියලා. (ඔන්න දැනුයි නම අහන්නේ). "ආයුෂ්මතුනි, මට කියන්නේ පුණ්ණ කියලා. සබ්‍රහ්මචාරීන් වහන්සේලා නම් මාව ගොඩාක් අඳුනන්නේ මන්තාණිපුත්ත පුණ්ණ කියලයි."

එතකොට සාරිපුත්තයන් වහන්සේ කියනවා "ආයුෂ්මතුනි, හරී පුදුම සහගතයි. හරී අද්භූතයි. ශ්‍රුතවත් ශ්‍රාවකයෙක් විසින් මනාකොට ශාස්තෘ ශාසනය දැනගෙන

තියෙන්නෙ යම් අයුරකින් ද, ඒ විදිහට ම ආයුෂ්මත් මන්තාණිපුත්තයන් වහන්සේ ගම්භීර අර්ථ මතු කර කර, ගම්භීර අර්ථවල බැස බැස ලස්සනට ධර්ම කතාව කළා. අනේ ආයුෂ්මතුන් වහන්සේව දකින්ට ලැබෙන සබ්‍රහ්මචාරීන් වහන්සේලාට කොයිතරම් ලාභයක් ද. ආයුෂ්මතුන් වහන්සේව ඇසුරු කරන්ට ලැබෙන සබ්‍රහ්මචාරීන් වහන්සේලාට කොයිතරම් ලාභයක් ද.

සාරිපුත්තයන් වහන්සේගේ නිහතමානී බව....

(චේලණ්ඩුකේන චේපි සබ්‍රහ්මචාරී) මගුල් ගෙවල්වල මනමාලයාගේ හිසේ පළඳින, රෙද්දෙන් හදාපු අලංකාර ජටාවක් හිසේ තියාගන්නවා වගේ, සබ්‍රහ්මචාරීන් වහන්සේලා ඔබවහන්සේව හිස් මුදුනින් පිළිඅරගෙන බැහැදකිනවා නම්, ඇසුරු කරනවා නම් ඒ සබ්‍රහ්මචාරීන් වහන්සේලාටත් ඒක මහා ලාභයක්. අනේ අපිටත් හරී සතුටුයි. ආයුෂ්මත් මන්තාණිපුත්ත පුණ්ණයන් වහන්සේව අපටත් දකින්ට ලැබුනා. අපටත් ඇසුරු කරන්ට ලැබුනා. අනේ අපටත් හරී ලාභයක්" කියලා කියනවා.

ඊට පස්සේ තමයි පුණ්ණ මන්තාණිපුත්ත මහරහතන් වහන්සේ අහන්නේ සාරිපුත්තයන් වහන්සේගෙන් "ආයුෂ්මතුනි, ඔබවහන්සේගේ නම මොකක්ද? සබ්‍රහ්මචාරීන් වහන්සේලා ඔබවහන්සේව හඳුනන්නේ මොන විදිහට ද?" කියලා. එතකොට සාරිපුත්තයන් වහන්සේ පිළිතුරු දෙනවා "ආයුෂ්මතුන් වහන්ස, මට කියන්නේ උපතිස්ස කියලා. සබ්‍රහ්මචාරීන් වහන්සේලා මාව දන්නේ (ශාරී බ්‍රාහ්මණියගේ පුත්‍රයා) සාරිපුත්ත කියලයි."

ශාස්තෲන් වහන්සේ හා සමාන ශ්‍රාවකයෙක්....

එතකොට පුණ්ණ මහරහතන් වහන්සේ ලස්සන කතාවක් කියනවා (**සත්ථුකප්පේන වත කිර භෝ සාවකේන සද්ධිං මන්තයමානා න ජානිම්හ ආයස්මා සාරිපුත්තෝ'ති.**) "හප්පේ... ශාස්තෲන් වහන්සේ හා සමාන ශ්‍රාවකයෙක් එක්ක නොවැ මං මේ කතාබස් කරලා තියෙන්නේ. මම දන්නෙ නෑනේ මේ ආයුෂ්මත් සාරිපුත්තයන් වහන්සේ කියලා. මේ ඉන්නේ ආයුෂ්මත් සාරිපුත්තයන් වහන්සේ කියලා මං දන්නවා නම් අනේ මට මෙහෙම කියාගන්ට හම්බ වෙන්නේ නෑ.

ආයුෂ්මතුනි, ආශ්චර්යයි. අද්භූතයි. ශ්‍රැතවත් ශ්‍රාවකයෙක් විසින් ඉතා හොඳින් ශාස්තෘ ශාසනය දැනගෙන තියෙන්නේ යම් අයුරකින් ද, ඒ අයුරින් ආයුෂ්මත් සාරිපුත්තයන් වහන්සේ ඉතා ගාම්භීර ප්‍රශ්න බොහෝම අගේට විමසුවා. යම් කෙනෙකුට ආයුෂ්මත් සාරිපුත්තයන් වහන්සේව දකින්ට ලැබෙනවා නම්, ඇසුරු කරන්ට ලැබෙනවා නම් ඒ සබ්‍රහ්මචාරීන් වහන්සේලාට ඒක මහා ලාභයක්. ලස්සන වස්ත්‍රයෙන් කරපු ජටාවක් හිසේ තියාගෙන ඉන්නවා වගෙයි සබ්‍රහ්මචාරීන් වහන්සේලා සාරිපුත්තයන් වහන්සේව ඇසුරු කරන්නේ. අනේ මටත් ආයුෂ්මත් සාරිපුත්තයන් වහන්සේව දැකගන්ට ලැබිච්ච එක, ඇසුරු කරන්ට ලැබිච්ච එක කොයිතරම් ලාභයක් ද" කියලා ප්‍රශංසා කරනවා.

පුන් සඳ මඬල දුටු කලෙක මෙන්....

මේක ගැන පින්වත්නි, හරි ලස්සන විස්තරයක් තියෙනවා. සාරිපුත්ත මහරහතන් වහන්සේ පුණ්ණ

මහරහතන් වහන්සේට තමන් වහන්සේව හඳුන්වාදෙද්දි පුණ්ණ මහරහතන් වහන්සේ චන්ද්‍ර මණ්ඩලය දැකලා නැගිට්ටා වගේ සතුටට පත්වුනා කියනවා. සාමාන්‍ය මිනිස්සු කියනවලු සමහර ප්‍රබල ඇමතිවරු ගැන 'හප්පා... අර ඇමතියා **(රාජසදිසෝ)** රජෙක් වගේ...' කියලා. සමහර විශාල ගවයෝ දැක්කාම 'අම්මේ... අර ගවයා ඇතෙක් වගේ...' කියලා කියනවා. විශාල වැව් දැක්කහම කියනවලු 'මේවා නම් වැව් නෙවෙයි, මහා සාගර' කියලා. සමහර ආලෝක දැක්කාම කියනවලු 'මේවා එළි නෙවෙයි, හිරු සඳු' කියලා.

ආන්න ඒ වගේ මේ මහානුභාව කතාව කිය කියා පුණ්ණයන් වහන්සේ සාරිපුත්තයන් වහන්සේට ප්‍රශංසා කළා කියනවා. මේකේ කියනවා පුණ්ණ මහරහතන් වහන්සේ, සාරිපුත්ත මහරහතන් වහන්සේ කියන දෙනම වහන්සේ ම රන්වන් පාටයි. උන්වහන්සේලා දෙනම ම මහාසාර බ්‍රාහ්මණ කුලයේ උපන්නේ. උන්වහන්සේලා දෙනම ම මහා ප්‍රඥාවන්තයි. රථවිනීත සූත්‍රයේ අවසානයේ සඳහන් වෙනවා **(ඉතිහ තේ උභෝ මහානාගා අඤ්ඤමඤ්ඤස්ස සුභාසිතං සමනුමෝදිංසු)** "ඔය විදිහට ඒ අතිශයින් ම ශ්‍රේෂ්ඨ වූ මහරහතන් වහන්සේලා දෙනම ඔවුනොවුන්ගේ සුන්දර කතා බහ ඉතා සතුටින් අනුමෝදන් වුනා" කියලා.

දස කථාවේ සප්ත විසුද්ධි....

පින්වත්නි, මුළු ත්‍රිපිටකයේ ම සප්ත විසුද්ධිය විස්තර කරන දේශනාවකට තියෙන්නේ මේ රථවිනීත සූත්‍රය විතරයි. සප්ත විසුද්ධි කිව්වේ මොනවද? සීල විසුද්ධි, චිත්ත විසුද්ධි, දිට්ඨි විසුද්ධි, කංඛාවිතරණ විසුද්ධි,

මග්ගාමග්ග ඤාණදස්සන විසුද්ධි, පටිපදා ඤාණදස්සන විසුද්ධි, ඤාණදස්සන විසුද්ධි. හැබැයි මේ සූත්‍රයේ තියෙන විදිහට පුණ්ණ මහරහතන් වහන්සේ නිතර නිතර සංඝයාට කිව්වේ සප්ත විසුද්ධි ගැන ද දස කථා ගැන ද? දස කථාව ගැනයි.

දස කථා කියන්නේ අප්පිච්ඡ කථා, සන්තුට්ඨි කථා, පවිවේක කථා, අසංසග්ග කථා, විරියාරම්භ කථා, සීල කථා, සමාධි කථා, පඤ්ඤා කථා, විමුක්ති කථා, විමුක්ති ඤාණ දර්ශන කථා. එහෙමනම් මේ දස කථාවලින් විස්තර වෙන්නේ සප්ත විසුද්ධිය ගැනයි. අපි දැන් බලමු ඒක කොහොමද තියෙන්නේ කියලා.

කථා හතකින් විසුද්ධි දෙකක්....

අප්පිච්ඡ කථා, සන්තුට්ඨි කථා, අසංසග්ග කථා, සීල කථා කියන හතර සීල විසුද්ධියටයි අයිති. ඒ කියන්නේ ඒ කථා හතරෙන් විස්තර කරන්නේ සීලයෙන් පිරිසිදු වීම ගැනයි. අල්පේච්ඡතාවය, ලද දෙයින් සතුටු වීම, පස් ආකාර සංසර්ගවලින් වෙන්වීම සහ සීලය අයිති වෙන්නේ සීල විසුද්ධියට යි. එහෙම නම් අල්පේච්ඡ බව නැතුව, ලද දෙයින් සතුටු වීම නැතුව, අසංසර්ගය නැතුව සීලයට එන්න බෑ.

ඊළඟට චිත්ත විසුද්ධිය. චිත්ත විසුද්ධිය කියලා කියන්නේ ප්‍රථම ධ්‍යානය, ද්විතීය ධ්‍යානය, තෘතීය ධ්‍යානය, චතුර්ථ ධ්‍යානය, ආකාසානඤ්චායතනය, විඤ්ඤාණඤ්චායතනය, ආකිඤ්චඤ්ඤායතනය, නේවසඤ්ඤානාසඤ්ඤායතනය කියන අට. පවිවේක කථා, විරියාරම්භ කථා, සමාධි කථා කියන තුනෙන් විස්තර කරන්නේ අන්න ඒ චිත්ත විසුද්ධිය ගැනයි. ඒ කියන්නේ

හුදෙකලාවේ ඉන්න පුරුදු වීම, ඒ ඒ තැනේදී අකුසල් ප්‍රහාණය කරන්න පුරුදු වීම සහ සමාධිය ඇති වීම චිත්ත විසුද්ධියට උදව් කරනවා. දැන් අපි මේ කතා කරන්නේ පින්වත්නි, ශාස්තෘ ශාසනය යි. ශාස්තෘ ශාසනය කියන්නේ බුදුරජාණන් වහන්සේගේ බුදු සසුන. මේ විදිහට සීල විසුද්ධිය සහ චිත්ත විසුද්ධිය කියලා කෙටියෙන් කියන කරුණු දෙක තමයි දසකථාවල අප්පිච්ඡ කථා, සන්තුට්ඨි කථා, අසංසග්ග කථා, පවිවේක කථා, විරියාරම්භ කථා, සීල කථා, සමාධි කථා කියන හතෙන් විස්තර වශයෙන් කියවෙන්නේ.

ප්‍රඥා කථාවෙන් විසුද්ධි පහක්....

ඊට පස්සේ තියෙනවා දසකථාවල ප්‍රඥා කථාව තමයි දෘෂ්ටි විසුද්ධි, කංඛාවිතරණ විසුද්ධි, මග්ගාමග්ග ඤාණදස්සන විසුද්ධි, පටිපදා ඤාණදස්සන විසුද්ධි, ඤාණදස්සන විසුද්ධි කියන විසුද්ධි පහ හැටියට විස්තර වෙන්නේ. **ඒ නිසා සාරිපුත්ත මහරහතන් වහන්සේ විසින් පුණ්ණ මහරහතන් වහන්සේගෙන් සප්ත විසුද්ධි ගැන විමසීමෙන් විමසලා තියෙන්නේ වෙනත් දෙයක් නෙවෙයි, දස කථාව ගැන ම යි. පුණ්ණ මහරහතන් වහන්සේත් සප්ත විසුද්ධිය ගැන කරුණු පැහැදිලි කරලා දීමෙන් කරලා තියෙන්නේ වෙනත් දෙයක් නෙවෙයි, දස කථාව ගැන ම විස්තර කිරීම යි.** හරිම ලස්සනයි මේ විස්තරය.

මං ඔබට තව ටිකක් මේ දස කථාව ගැන විස්තර කරන්නම්. අල්පේච්ඡතාවය හතර ආකාරයි කියලා අපි ඉගෙන ගත්තා. ප්‍රත්‍ය අල්පේච්ඡ බව, ධූතාංග අල්පේච්ඡ බව, පර්යාප්ති අල්පේච්ඡ බව, අධිගම අල්පේච්ඡ බව.

ඒ කියන්නේ සිව්පසය කෙරෙහි නොඇල්ම පුරුදු කිරීම සීලයට උදව්වක්. ධුතාංග පුරුදු කරන එක සඟවාගෙන කිරීම සීලයට උදව්වක්. ඊළඟට තමන්ගේ බහුශ්‍රැත භාවය ලාභ සත්කාර පිණිස පාවිච්චි නොකර සඟවාගෙන සිටීම සීලයට උදව්වක්. තමන් ලබාගෙන තියෙනවා නම් මොනවා හරි ගුණ විශේෂයක් ඒවා සඟවාගෙන සිටීම සීලයට උදව්වක්.

සන්තුට්ඨිතාවය සීලයට උදව්වක්....

ඊළඟට ලද දෙයින් සතුටු වීම යථාලාභ සන්තෝසය, යථාබල සන්තෝසය, යථාසාරුප්ප සන්තෝසය කියලා තුන් ආකාරයි. කුමන ආකාරයේ දෙයක් ලැබුණත් ඒ ලැබිච්ච දෙයින් සතුටු වෙනවා නම් ඒක යථාලාභ සන්තෝසය. තමන්ට ලැබිච්ච දේ සංඝයාට පුදලා සංඝයා දෙන දේකින් සතුටු වෙනවා නම් ඒක යථාබල සන්තෝසය. ඊළඟට තමන්ගේ පිනට බහුල වශයෙන් ප්‍රත්‍ය පහසුකම් ලැබෙනකොට ඒවා ගැලපෙන භික්ෂූන් වහන්සේලාට බෙදා දීලා සතුටු වෙනවා නම් ඒක යථාසාරුප්ප සන්තෝසය. එහෙම සතුටු වෙන එක සීලයට උදව්වක්.

ඊළඟට අසංසර්ග කථා. සංසර්ග පහක් ගැන අපි කිව්වා. එක එක්කෙනාගේ කතාවලට ඇහුම්කන් දිදී සතුටු වෙන එක (ශ්‍රවණ සංසර්ගය) අත්හැරීම සීලයට උදව්වක්. තමන්ගේ මාර්ග ප්‍රතිපදාවට හානිකර දේවල් බල බලා සතුටු වීම (දර්ශන සංසර්ගය) අත්හැරීම සීලයට උදව්වක්. කතාබහට ඇලී ඉන්න එක (සමුල්ලපන සංසර්ගය) අත්හැරීම සීලයට උදව්වක්. එක එක්කෙනා දීපු දේවල් මතකයේ තබාගෙන පරිහරණය කිරීමෙන් (සම්භෝග

සංසර්ගය) වැළකීම සීලයට උදව්වක්. කායික ස්පර්ශයෙන් සතුටු වෙවී සිටීමෙන් (කාය සංසර්ගය) වැළකීම සීලයට උදව්වක්. දැක්කනේ අවුරුදු හතේදි අර පොඩි නමකට තව සාමණේරියක් පාත්තර තැටියක් දීලා වෙච්ච වින්නැහිය. අවුරුදු හැටක් රහතන් වහන්සේලාගේ මැද්දේ ඉඳලත් සිවුරු ඇරලා ගියා නේ. මේ සංසර්ග පහෙන් වැළකිලා ඉන්නකොට එහෙම හානි වෙන්නෙ නෑ.

සතර සංවර සීලය....

ඊළඟට සීල කථා කියන්නේ සතර සංවර සීලය. බුදුරජාණන් වහන්සේ පනවපු ශික්ෂාපද රැකගෙන සිටීම, ඉන්ද්‍රිය සංවර කරගැනීම, සිව්පසය ප්‍රත්‍යාවේක්ෂා කරලා පරිභෝග කිරීම, ආජීවය පිරිසිදු කරගැනීම. මේ විදිහට සිල්වත් වෙලා ඉන්නකොට එයාගේ ජීවිතයේ පසුතැවෙන්න මුකුත් නෑ. සීලය **(අවිප්පටිසාරත්ථානිසංසා)** පසුනොතැවීම අනුසස් කොටගෙන තියෙන දෙයක්. සීලයේ ආනිසංසය තමයි පසුතැවෙන්නේ නැතිකම. සන්තෝෂය ඇතිවීම තමයි හිත එකඟ වෙන්න ගොඩාක් උදව් වෙන්නේ.

සමහර අයට තියෙනවා පින්වත්නි, සුඛා පටිපදා. සුඛා පටිපදා කියන්නේ එයාගේ සිත පහසුවෙන් ම සමාධියට පත් වෙනවා. නීවරණයන්ගෙන් බැට කන්නෙ නෑ එයා. සාමාන්‍යයෙන් සමාධියක් ඇතිකරගැනීමට අඩුම ගානේ එක දිගට සතියක්වත් භාවනාවක් කළ යුතුයි. සුඛා පටිපදා කෙනෙක් වුනත් චිත්ත සමාධියක් ඇතිවීම පිණිස එක දිගට දවස් දෙක තුනක්වත් කැප වෙලා භාවනාව කළ යුතුයි. තව සමහර අය ඉන්නවා එහෙම කරන්න ඕනෙත් නෑ. පැය භාගයක් වාඩිවෙලා භාවනා කළාම

සිත සමාධිමත් වෙන අය ඉන්නවා. ඒකට කියන්නේ සුඛා පටිපදා කියලා.

මග වඩන්න තියෙන්නෙත් කර්ම විපාකයේ බලපෑමට යටත්වයි....

බොහෝ අයට තියෙන්නේ දුක්ඛා පටිපදා. දුක්ඛා පටිපදා කියන්නේ නීවරණයන්ගෙන් බැට කකා ඉන්නවා. සමාධියක් ඇතිකරගැනීම දුෂ්කරයි. මොකද හේතුව, අපි ඉපදිලා ඉන්නේ කර්මානුරූපව. **(භව පච්චයා ජාති)** භවය නිසා තමයි ඉපදුනේ. ඇස, කන, නාසය, දිව, කය, මනස කියන මේ හය අපට ලැබුනේ කර්මානුරූපව. එක්කෝ ඒක උපපජ්ජ වේදනීය කර්මයක් වෙන්න පුළුවන්. එහෙම නැත්නම් අපරාපරිය වේදනීය කර්මයක් වෙන්න පුළුවන්. කර්මානුරූපව උපන්නාට පස්සේ ඒ කර්ම විපාකයට අනුව තමයි අපට මාර්ගය ප්‍රතිපදාව වුනත් දියුණු කිරීමේ හැකියාව තියෙන්නේ.

සමහරු ඉන්නවා පොඩි කාලෙම ඇස් ලෙඩ හැදෙනවා. සමහර වයස අවුරුදු අසූව, අනූව වෙච්චි අය මට හම්බවෙලා තියෙනවා, කණ්ණාඩි දාන්නෙ නෑ. පුංචි කුඹියා පවා පේනවා. චූටි අකුරු පවා කියවනවා කණ්ණාඩි දාන්නෙ නැතුව. එහෙනම් එයාට කර්මානුරූපව ලැබිච්ච ඇස බලසම්පන්නයි. සමහරුන්ට උපතින්ම කන් ඇහෙන්නෙ නැතුව යනවා. සමහරුන්ට වයස පනහ හැට වෙනකොටත් හොඳට කන් ඇහෙනවා. සමහරුන්ට ගඳ සුවඳ හරියට දැනෙන්නෙ නෑ. සමහරුන්ට කනබොන දේවල්වල රස හරියට දැනෙන්නෙ නෑ.

උපතින් ගෙනාපු ශක්තියක්....

සමහරුන්ගේ ශරීර හරී ශක්ති සම්පන්නයි. හොඳට බර උහුලන්න පුළුවන්, දරාගන්න පුළුවන්. පිපාසය ඔරොත්තු දෙනවා, බඩගින්න ඔරොත්තු දෙනවා. පන්සලේ ඉන්න කාලේ මං දන්න එක උපාසක මහත්තයෙක් හිටියා කිසි කරදරයක් නැතුව, අපූරුවට ගෙදර දොරේ වැඩ කරගෙන, සතියක් ඉන්න පුළුවන් දිවා රාත්‍රී ඇහැරගෙන. ඔබට පුළුවන් ද දිවා රාත්‍රී ඇහැරගෙන සතියක් එක දිගට ඉන්න? සමහර අය ඉන්නවා පැය තුනක් හතරක් නිදාගත්තා ම ඇති. සමහර අයට මදි. පැය පහක් හයක් නිදා ගන්න ඕනෙ වෙහෙස නැති වෙන්න.

දවසක් ඒ උපාසක මහත්තයා මළ ගෙදරකත් ගිහිල්ලා ඉඳලා, කැඩිච්ච වාහනේකුත් අරගෙන ඇවිල්ලා හද හදා ඉන්නවා. මට කිව්වා 'අනේ හාමුදුරුවනේ, මං දවස් හතක් නිදාගෙන නෑ. හැබැයි මට වෙහෙසකුත් නෑ. මං මේ වැඩ කරනවා' කියලා. ඒ විදිහට හොඳට නිදි මරන්න පුළුවන් අය ඉන්නවා. නමුත් අපට බෑ. ඒ කියන්නේ අපට උපතින් ගෙනාපු හයියක් නෑ.

වළඳන ඕනෑම දෙයක් දිරවීමේ හැකියාව....

සමහරුන්ට හොඳට පිපාසය, බඩගින්න දරාගෙන ඉන්න පුළුවන්. බුද්ධ දේශනාවේ තියෙනවා කන බොන ඕනෑම දෙයක් දිරවන ශක්තිමත් බඩවැල් තිබීම ධර්මයේ හැසිරෙන්න උපකාරයක් කියලා. මොකද හේතුව, ඒ කාලේ භික්ෂූන් වහන්සේලා චාරිකාවේ වඩින අතරමගදී ගෙවල්වල උයන එක එක දේවල් පිණ්ඩපාතෙට ලැබෙනවනෙ. දන්නවනෙ ඉන්දියාවෙ හැටි. හොඳ

ප්‍රණීත පිරිසිදු දේවල් ම හම්බ වෙන්නේ නෑ. ඉතින් ඒ ලැබෙන ඕනෑම දෙයක් වැළඳුවාට පස්සේ දිරවන විදිහේ ජඨරාග්නියකින් යුක්ත වීම හරී උපකාරයක් කියනවා. ශරීරයට ඒ හැකියාව කර්මානුරූපව ලැබෙන එකක්.

නානා ධාතු ස්වභාවයන්....

ඒ විදිහ ම යි මේ හිතත්. හිතේ තියෙනවා සසර පුරුද්දත් එක්ක හැදිච්ච දේවල්. ධාතු ස්වභාවයවල් තියෙනවා. ඒ කියන්නේ සමහරු ඉන්නවා අසත්පුරුෂයි. අසත්පුරුෂයාට හරී ප්‍රියමනාපයි අසත්පුරුෂයා ව. හොඳට ගැලපිලා යනවා. තව සමහරු ඉන්නවා කාරුණිකයි. කරුණාවන්ත කෙනා එයාට එකතු වෙනවා. තව සමහරු ඉන්නවා හිත ඇතුලේ තියෙන්නේ වංචාව. එතකොට ලේසියෙන් ම එයත් එක්ක හිතවත් වෙනවා වංචාසහගත කෙනා. තව සමහරු ඉන්නවා හිත ඇතුලෙන් දරුණුයි. පළිගැනීමෙන් යුක්තයි. එයා නිකාම්ම යාළු වෙනවා පළිග න්නා ස්වභාවයෙන් යුක්ත එක්කෙනත් එක්ක.

තව සමහරු ඉන්නවා හරී කපටියි. එයා වටා තවත් කට්ටයෝ එකතු වෙනවා. සමහරු ඉන්නවා කෙළෙහි ගුණේ දන්නෙ නෑ. කෙළෙහි ගුණේ දන්නෙ නැති අය එයත් එක්ක එකතු වෙනවා. තව සමහරු ඉන්නවා නුවණින් යුක්තව කල්පනා කරලා වැඩ කරනවා. එයත් එක්ක එකතු වෙනවා නුවණින් යුක්ත අය.

ධුතාංගධාරී උපසේන තෙරුන්....

දැන් අපි ගත්තොත් මේ විදිහට දස කථාවෙන් අනිත් සංඝයාට අනුග්‍රහ කරන රහතන් වහන්සේලා වැඩ සිටිද්දී දේවදත්ත පැත්තටත් කොටසක් හිටියේ නැද්ද?

හිටියා. බුද්ධ කාලේ වැඩහිටියා උපසේන කියලා ධූතාංග ධාරී රහතන් වහන්සේ නමක්. උන්වහන්සේ ළඟට පැවිදි වෙන්න පිරිස ආවාම උන්වහන්සේ කියනවා 'මං මේ මේ ධූතාංග රකිනවා. ඔයා මගේ ළඟ පැවිදි වෙනවා නම් ඔයත් මේ ධූතාංග රකින්න ඕනෙ. නැත්නම් මට අපහසුයි. එහෙම බැරි නම් ඔයා මාත් එක්ක එන්න එපා. ඔයා ධූතාංග නැති තැනකට ගිහිල්ලා පැවිදි වෙන්න' කියලා. එතකොට උන්වහන්සේට පැහැදුණු පිරිස අර ධූතාංග රකිනවා. කලක් යද්දී ධූතාංගධාරී සඟ පිරිසක් ඇති වුනා.

තව කොටසක් හිටියා ධර්මය ඉගෙන ගන්ට ආසයි. උන්වහන්සේලා ඔක්කොම ආනන්දයන් වහන්සේට එකතු වුනා. තව කොටසක් හිටියා ගැඹුරු දහම් කරුණු විමසන්ට ආසයි. උන්වහන්සේලා ඔක්කෝම සාරිපුත්තයන් වහන්සේට එකතු වුනා. තව කොටසක් හිටියා සීලයට ම මුල්තැන දීලා කටයුතු කරන්න ආසා. උන්වහන්සේලා මහා කස්සපයන් වහන්සේට එකතු වුනා. තව කොටසක් සමාධිය ම දියුණු කර කර ඉන්න ආසයි. උන්වහන්සේලා ඔක්කෝම මහා මොග්ගල්ලානයන් වහන්සේට එකතු වුනා. තව කොටසක් ලාභසත්කාරයට ආසයි. ඒ අය ඔක්කෝම දේවදත්තට එකතු වුනා. ඒකට තමයි ධාතු ස්වභාවය කියලා කියන්නේ.

හටගත් සැණින් අකුසල් දුරුකරන්න....

ඉතින් සීල විසුද්ධිය ඇතිකර ගත්තු කෙනාට චිත්ත විසුද්ධිය කරා යන්න පුළුවන්. චිත්ත විසුද්ධිය කියන්නේ සමාධිය ඇති කර ගැනීම. සමාධිය ඇති කරගැනීමට උපකාරී වෙනවා වැඩිය කතාබහක් නැතුව තනිව සිටීම,

පිරිස මැද්දේ සිටිද්දී වුනත් පාඩුවේ ඉඳීම. ඊළඟට සමාධියට උපකාරී වෙනවා ඒ ඒ අවස්ථාවලදී අකුසල්වලට ඉඩ නොදී අකුසල් දුරු කිරීම. ආරද්ධ වීරිය කියන්නේ ඒකට. දැන් අපි ගත්තොත් ඔන්න තරහක් හටගන්නවා. එතකොට ඉක්මනට ඒ තරහා දුරු කරන්න වෑයම් කරනවා. ඔන්න මොනවා හරි පරණ සිද්ධි මතක් වෙලා සිතේ අකුසල් හටගන්නවා. ඒක දුරු කරන්න මහන්සි ගන්නවා. ඔන්න භය හටගන්නවා. ඒක අනාත්ම වශයෙන් බලමින් දුරු කරන්න මහන්සි ගන්නවා. අන්න ඒ විදිහට ඉන්නකොට සමාධිය ඇති කරගන්න අවස්ථාවක් ලැබෙනවා.

ශාස්වත හා උච්ඡේද දෘෂ්ටි....

සමාධිය ඇති කරගත්තට පස්සේ ඒ සමාධිය ධ්‍යාන මට්ටමට දියුණු කරගෙන යනවා. ඒක චිත්ත විසුද්ධිය. ඒකට උදව් වුනේ හිතේ විපිළිසර නැතිකම. සීලයෙන් උදව් කළා චිත්තවිසුද්ධියට. ඒක හරියට පළවෙනි වාහනෙන් දෙවෙනි වාහනේට ගොඩ වුනා වගේ. එතනින් පස්සේ තියෙන්නේ දිට්ඨි විසුද්ධිය. දිට්ඨි විසුද්ධියේ ඉඳලා ඉදිරියට කරගන්න තියෙන කටයුතු අමාරුයි. දිට්ඨි විසුද්ධියට එන්න නම් එයා ශාස්වත දෘෂ්ටියට නොයා ඉන්න ඕනෙ. උච්ඡේද දෘෂ්ටියටත් නොයා ඉන්න ඕනෙ.

ශාස්වත දෘෂ්ටිය කියන්නේ මරණින් මත්තේ සදාකාලික වෙනවා කියන එක. බුද්ධ කාලේ සමාධිය තිබ්ච්ච අය පවා හරියට ඒ මතයේ ඉඳලා තියෙනවා. අදටත් ඔය මතයේ ඉන්න අය ඉන්දියාවේ ඕනතරම් ඉන්නවා. තව කොටසක් කියනවා මරණින් මත්තේ කිසිවක් නෑ කියලා. ඒ උච්ඡේද දෘෂ්ඨිය. උච්ඡේද කියන්නේ නැසී යනවා, සිඳී යනවා කියන එක. ඒ දෘෂ්ටි දෙක නැති

කරන්න නම් එයා හේතු ඵල දහම නුවණින් දකින්න ඕනෙ. ඒ වගේම දිට්ඨි විසුද්ධිය ඇති කරගැනීමට උදව් වෙනවා අනිත්‍ය දේ අනිත්‍ය වශයෙන් දැකීම, දුක් දේ දුක් වශයෙන් දැකීම, අනාත්ම දේ අනාත්ම වශයෙන් දැකීම. නිත්‍ය කියන්නේ ස්ථිර කියන එක. අනිත්‍යයි කියන්නේ අස්ථිර කියන එක.

අනිත්‍ය වූ දෙයින් හටගන්නා දේ නිත්‍ය වන්නේ කොහොමද...?

ද්වය සූත්‍රයේදී බුදුරජාණන් වහන්සේ අපට කියා දීලා තියෙනවා (**ද්වයං භික්ඛවේ පටිච්ච විඤ්ඤාණං සම්භෝති**) "මහණෙනි, දෙකක් හේතු කරගෙන විඤ්ඤාණය ඇති වෙනවා. (**චක්ඛුඤ්ච පටිච්ච රූපේ ච උප්පජ්ජති චක්ඛුවිඤ්ඤාණං**) ඇසත් රූපත් නිසා ඇසේ විඤ්ඤාණය හටගන්නවා. (**චක්ඛුං අනිච්චං විපරිණාමී අඤ්ඤථාභාවී**) ඇස අනිත්‍යයි, වෙනස් වෙනවා, අන්‍ය ස්වභාවයට පත්වෙනවා. රූපත් අනිත්‍යයි, වෙනස් වෙනවා, අන්‍ය ස්වභාවයට පත්වෙනවා. (**ඉත්ථේතං ද්වයං චලඤ්චේව වයඤ්චේව**) මේ දෙක ම (ඇසත් රූපත්) සැලෙන්නේ ද වේ, නැසෙන්නේ ද වේ. අනිත්‍ය වූ වෙනස් වෙන්නා වූ සැලෙන්නා වූ වැනසෙන්නා වූ මේ ඇසයි රූපයි නිසා හටගන්න විඤ්ඤාණය (**කුතෝ නිච්චං භවිස්සති**) නිත්‍ය වෙන්නේ කොහොමද?" කියලා අහනවා. විඤ්ඤාණයත් අනිත්‍යයි.

හැම දෙයක් ම අනිත්‍ය වශයෙන් බලන්න....

බුදුරජාණන් වහන්සේ අපට කියා දෙනවා ඒ නිසා ඇස අනිත්‍ය වශයෙන් බලන්න. ඇහැට පේන

රූප අනිත්‍ය වශයෙන් බලන්න. ඇසේ විඤ්ඤාණය අනිත්‍ය වශයෙන් බලන්න. **(ඉමේසං තිණ්ණං ධම්මානං)** ඇහැයි රූපයයි විඤ්ඤාණයයි කියන මේ කරුණු තුනේ **(සංගති)** එකතු වීම, **(සන්නිපාතෝ)** රැස්වීම, **(සමවායෝ)** එකට එකතු වීම ඇසේ ස්පර්ශයයි. අනිත්‍ය වූ දේවල් එකතුවීමෙන් හටගත්ත ස්පර්ශය නිත්‍ය වන්නේ කොහොමද? ඒ නිසා ඇසේ ස්පර්ශත් අනිත්‍ය වශයෙන් බලන්න කියනවා. ඊට පස්සේ ස්පර්ශයෙන් හට ගන්නවා සැප, දුක්, උපේක්ෂා විඳීම්. ස්පර්ශයෙන් හටගන්නවා හඳුනාගැනීම්, ස්පර්ශයෙන් හට ගන්නවා චේතනා. ස්පර්ශයෙන් හටගන්න ඒ විඳීම්, හඳුනාගැනීම්, චේතනා ආදියත් සැලෙනවා, නැසෙනවා, වෙනස් වෙනවා. ඒ නිසා ඒවත් අනිත්‍ය වශයෙන් බලන්න කියනවා.

අවිද්‍යාවට ආසන්න කාරණය....

අපට පින්වත්නි, ලොකුම ගැටලුව තියෙන්නේ මේ හඳුනාගන්න දේවල් ගැනයි. හඳුනාගන්න දේවල්වලින් තමයි සම්පූර්ණ අර්බුදය නිර්මාණය වෙලා තියෙන්නේ. බුද්ධ දේශනාවේ විස්තර කරනවා නෙ අවිද්‍යාව කියලා වචනයක්. අවිද්‍යාව කියන්නේ චතුරාර්ය සත්‍යය නොදැනීම. ඒ කියන්නේ දුක ආර්ය සත්‍යයක් කියලා දන්නෙ නෑ. තෘෂ්ණාවෙන් දුක උපදින බව ආර්ය සත්‍යයක් කියලා දන්නෙ නෑ. ඊළඟට තෘෂ්ණාව නිරුද්ධ වීමෙන් දුක නිරුද්ධ වීම ආර්ය සත්‍යයක් කියලා දන්නෙ නෑ. දුක නිරුද්ධ වෙන්ට තියෙන ප්‍රතිපදාව, ආර්ය අෂ්ටාංගික මාර්ගය ආර්ය සත්‍යයක් කියලා දන්නෙ නෑ.

මේ අවිද්‍යාවට ආසන්න කාරණය තමයි අපි හඳුනාගන්න දේ විකෘති වෙලා පේන එක. ඒකට කියනවා

සඤ්ඤා විපල්ලාස කියලා. හඳුනාගන්න දේවල්වල ඇත්ත නෙවෙයි අපට පේන්නේ, ඒකෙ අනිත් පැත්ත යි. බුදුරජාණන් වහන්සේ සඤ්ඤා විපල්ලාස හතරක් පෙන්නලා තියෙනවා. ඒ තමයි **(අනිච්චේ නිච්චසඤ්ඤී)** අනිත්‍ය දේවල් අපට පේන්නේ නිත්‍යයි කියලා. ඊළඟට **(දුක්ඛේ සුඛසඤ්ඤී)** දුක් දේවල් අපට පේන්නේ සැපයි වගේ. ඊළඟට **(අසුභේ සුභසඤ්ඤී)** අසුභ දේවල් අපට පේන්නේ සුභයි වගේ. **(අනත්තේ අත්තසඤ්ඤී)** අනාත්ම දේවල් අපට පේන්නේ ආත්මයි වගේ. සඤ්ඤා විපල්ලාසය කියන්නේ ඕකට.

අනාත්ම වූ දෙයක ස්වභාවය....

සඤ්ඤා හයක් තියෙනවනෙ. රූප සඤ්ඤා, සද්ද සඤ්ඤා, ගන්ධ සඤ්ඤා, රස සඤ්ඤා, ඵොට්ඨබ්බ සඤ්ඤා, ධම්ම සඤ්ඤා කියලා. මේ රූප, සද්ද, ගන්ධ, රස, පහස, අරමුණු ඔක්කොම හඳුනාගන්නේ අනිත්‍ය දේ නිත්‍යයි කියලා, දුක් දේ සැපයි කියලා, අසුභ දේ සුභයි කියලා, අනාත්ම දේ ආත්මයි කියලා. බුදුරජාණන් වහන්සේ ආත්මය කියන වචනයේ අර්ථය ලස්සනට විස්තර කරලා තියෙනවා අනත්ත ලක්ඛණ සූත්‍රයේ.

උන්වහන්සේ දේශනා කරනවා **(රූපං භික්ඛවේ අනත්තා)** "මහණෙනි, රූපය අනාත්මයි. **(රූපං ච හිදං භික්ඛවේ අත්තා අභවිස්ස)** මහණෙනි, රූපය ආත්මයක් වුනා නම් **(නයිදං රූපං ආබාධාය සංවත්තෙය්‍ය)** මේ රූපය ආබාධ පිණිස පවතින්නේ නෑ. **(ලබ්භේථ ච රූපේ)** මේ රූපයෙන් අපට ලැබෙන්ට ඕනෑ **(ඒවං මේ රූපං හෝතු)** මාගේ රූපය මෙසේ වේවා. **(ඒවං මේ රූපං මා අහෝසි)** මාගේ රූපය මෙසේ නොවේවා කියලා.

තමාගේ වසඟයේ පවත්වන්ට බෑ....

(යස්මා ච බෝ භික්ඛවේ රූපං අනත්තා) මහණෙනි, යම් කරුණක් නිසා රූපය අනාත්ම යි ද, **(තස්මා රූපං ආබාධාය සංවත්තති)** ඒ නිසා රූපය ආබාධ පිණිස පවතී. **(න ච ලබ්භති රූපේ)** රූපයෙන් ලබන්න බෑ **(ඒවං මේ රූපං හෝතු)** මාගේ රූපය මෙසේ වේවා. **(ඒවං මේ රූපං මා අහෝසීති)** මාගේ රූපය මෙසේ නොවේවා කියලා." එතකොට රූපයේ තියෙන අනාත්ම ලක්ෂණය මොකක්ද? තමාගේ වසඟයේ පවත්වන්ට බැරිකම. වේදනාවේ තියෙන අනාත්ම ලක්ෂණය මොකක්ද? තමාගේ වසඟයේ පවත්වන්ට බැරිකම.

සඤ්ඤාවේ තියෙන අනාත්ම ලක්ෂණය මොකක්ද? තමාගේ වසඟයේ පවත්වන්ට බැරිකම. සංස්කාරයන්ගේ තියෙන අනාත්ම ලක්ෂණය මොකක්ද? තමාගේ වසඟයේ පවත්වන්ට බැරිකම. විඤ්ඤාණයේ තියෙන අනාත්ම ලක්ෂණය මොකක්ද? තමාගේ වසඟයේ පවත්වන්ට බැරිකම. නමුත් අපට පේන්නේ තමාගේ වසඟයේ පවත්වන්න පුළුවන් වගෙයි. ඒක තමයි විපල්ලාසය.

සෝතාපන්න වෙන්න නම්....

එක තැනකදි භික්ෂුවක් බුදුරජාණන් වහන්සේගෙන් අහනවා සෝතාපන්න වෙන්නේ කොහොමද කියලා. උන්වහන්සේ දේශනා කරනවා "භික්ෂුව, යමෙක් ඇස අනිත්‍ය වශයෙන් දකී ද, ඇහැට පේන රූප අනිත්‍ය වශයෙන් දකී ද, ඇසේ විඤ්ඤාණය අනිත්‍ය වශයෙන් දකී ද, ඇසේ ස්පර්ශය අනිත්‍ය වශයෙන් දකී ද, ඇසේ ස්පර්ශයෙන් උපදින්නා වූ සැප දුක් උපේක්ෂා වේදනා අනිත්‍ය වශයෙන් දකී ද, රූප

සඤ්ඤාව අනිත්‍ය වශයෙන් දකී ද, ඒ සම්බන්ධයෙන් ඇති වන චේතනා අනිත්‍ය වශයෙන් දකී ද, එතන මම ය මාගේ ය මාගේ ආත්මය කියා දෙයක් නොදකී ද, ඔහු සෝතාපන්න යි" කියනවා.

එහෙනම් සම්පූර්ණයෙන් ම මේ මාර්ගය ප්‍රතිපදාව විවෘත වෙන්නේ අනිත්‍ය දේ අනිත්‍ය වශයෙන් දැකීමෙන්. මේ ස්කන්ධ, ධාතු, ආයතන **(අනිච්චං දුක්ඛං විපරිණාමධම්මං)** අනිත්‍යයි, දුකයි, වෙනස් වන ධර්මතාවයෙන් යුක්තයි. ඒ නිසා ඒවා **(නේතං මම)** මගේ නොවේ, **(නේසෝහමස්මි)** මම නොවෙමි, **(න මේසෝ අත්තාති)** මගේ වසඟයේ පවත්වන්ට පුළුවන් දෙයක් නොවේ' කියලා තමන්ට ප්‍රකට වුණාම ප්‍රඥාව වැඩෙනවා. එතකොට දෘෂ්ටිය පිරිසිඳු වෙන්න ගන්නවා. මේවාට තමයි පින්වත්නි, ප්‍රඥා කථා කියලා කියන්නේ.

මෙතෙක් කල් කියාදුන්නේ දස කථා....

අපි මෙතෙක් කල් මහමෙව්නාවේ වැඩසටහන්වල කළේ ඔය දසකථාව. අපි මේ දහම් වැඩසටහන්වලින් ඔබට අල්පේච්ඡතාවය ගැන කියාදුන්නා. ලද දෙයින් සතුටු වීම ගැන කියාදුන්නා. හුදෙකලා විවේකයෙන් වාසය කිරීම ගැන කියාදුන්නා. කෙලෙස් ඇතිවන දේවල් සමග එකතු නොවී සිටීම ගැන කියාදුන්නා. අකුසල් හටගත් සැණින් දුරුකිරීම ගැන කියාදුන්නා. සීලය ගැන කියාදුන්නා. සමාධිය ගැන කියාදුන්නා. ප්‍රඥාව ගැන කියාදුන්නා. විමුක්තිය ගැන කියාදුන්නා. විමුක්ති ඤාණදර්ශනය ගැන කියාදුන්නා. මේ දස කථාව තමයි පින්වත්නි, මුළු ත්‍රිපිටකය පුරාම තියෙන්නේ.

ඒ වගේම බුදුරජාණන් වහන්සේ වදාළා සුභ සඤ්ඤාව දුරුකිරීමට මේ ජීවිතය දිහා අසුභ වශයෙන් බලන්න කියලා. බුද්ධ කාලේ වුනත්, අද වුනත් කෙනෙක්ව පැවිදි කරනකොට දෙන මූල කමටහන තමයි අසුභ භාවනාව. කේසා, ලෝමා, නඛා, දන්තා, තචෝ කියලා මෙනෙහි කරන්න කියලනෙ කමටහන දෙන්නෙ. සම්පූර්ණයෙන් ම පැවිදි ජීවිතය පටන් ගන්න තියෙන්නේ අසුභ භාවනාවෙන්. ඒක තමයි විරාග භාවනාව.

මළකුණට දෙන සැප....

අසුභ භාවනාවෙන් තමයි ඉක්මනට නොඇල්ම ඇති වෙන්නෙ. එතනින් තමයි ඉක්මනට මාර්ගය වැඩෙන්නේ. බුද්ධ කාලේ නම් මිනිස්සු මැරුණාම ගිහිල්ලා අමු සොහොන්වලට දානවා. ඒ කාලේ භික්ෂූන් වහන්සේලා අමුසොහොන්වලට ගිහිල්ලා භාවනා කරනවා. දැන් මිනී පෙට්ටි දැක්කාම අපටත් ගිහිල්ලා බුදියන්න හිතෙනවා. සුවඳ හමන මල් ගුලාවක් මැද, හරි සනීපෙට මළකුණ වැතිරී සිටිනා අපූරුව.... දැක්කද කාලයාගේ ඇවෑමෙන් වෙන දේවල්. එතකොට අසුභ සඤ්ඤාව වැහිලා සුභ සඤ්ඤාව ම හිතේ පිහිටනවා.

ඒ නිසා බුදුරජාණන් වහන්සේ භික්ෂූන් වහන්සේලාට පැවිද්ද පටන් කියන්නෙ අසුභයෙන්. මේ කාලේ ඉතින් සමහරුන්ට බණක් භාවනාවක් වුනත් හරියට කරගන්න බෑ. මට හොඳට මතකයි, බොහෝ කාලෙකට කලින්, එක්තරා භාවනා ආයතනයක, අපි දවසක් භාවනා කර කර ඉන්නවා. එතන හාමුදුරුවරුයි උපාසකවරුයි ඔක්කොම එකට භාවනා කර කර හිටියා. භාවනාව අතරේ එක උපාසක මහත්තයෙක් බෙල්ල

කඩාගෙන වැටිලා ගොරවනවා. එතන හිටපු කෙනෙක් තව හාමුදුරු කෙනෙකුට මේක පෙන්නුවා.

ගිනි කන්දක් පිපිරුවා වගේ....

මමත් සක්මන් කර කර හිටියේ, ඒ හාමුදුරුවෝ මටත් කතා කළා. මමත් ගිහිල්ලා බැලුවා. හැබැයි මං හිනාවුනේ නෑ. අර හාමුදුරුවෝ හයියෙන් හිනා වුණා. අර උපාසක මහත්තයාට එකපාරටම ඇහැරුණා. එයාට තේරුනා මේ හිනාවුනේ එයාට තමයි කියලා. මේන්න... එකපාරට ම නැගිටලා 'ඒයි තොපි හිනා වෙන්නද මෙහේ ආවේ....?' කියලා ශාලාව දෙදරන්න කෑගැහුවා. හරියට නිකම් ගිනි කන්දක් පිපිරුවා වගේ. අපි දුවලා ගිහිල්ලා කුටිවල හැංගුණා. ඕක තමයි ඉතින් අද කාලේ ස්වභාවය.

ඉතින් පින්වත්නි, මං ඔබට කිව්වා දිට්ඨි විසුද්ධිය ඇති කරගැනීම හරි අමාරු එකක් කියලා. දිට්ඨි විසුද්ධියෙන් පස්සේ තියෙන්නේ කංඛාවිතරණ විසුද්ධිය. කංඛා කියන්නේ සැක. විතරණ කියන්නේ දුරුකිරීම. මොකක් ගැන ද සැක දුරු කළයුත්තේ? අතීතය ගැන සැක දුරු කරන්න ඕනෙ, අනාගතය ගැන සැක දුරු කරන්න ඕනෙ, වර්තමානය ගැන සැක දුරු කරන්න ඕනෙ. ඒ සඳහා පටිච්ච සමුප්පාදය නුවණින් විමසන්න ඕනෙ.

පාළි වචනවල හරි තේරුම් දැනගන්න....

පටිච්ච කියන වචනයේ තේරුම 'නිසා', 'හේතුවෙන්', 'උපකාරයෙන්' කියන එකයි. පටිච්ච කියන්නෙ ඉනේ බඳින පටියට කියන නමක් නෙවෙයි. හොඳට මතක තියාගන්න. ඉනේ බඳින පටියට පාළියෙන් කියන්නේ කායබන්ධන කියලා. බැඳගන්නවා කියන එකට

පාළියෙන් කියන වචනය තමයි 'පටිමුඤ්චති'. මට ඇහුනා සමහර අය 'අපි ගෙවල් දොරවල්වලට පටිච්ච වෙනවා... අඹුදරුවන්ට පටිච්ච වෙනවා...' කියලා කියනවා. ඒක වැරදි වචනයක්.

ඤාණවත්ථු සූත්‍රයේදී බුදුරජාණන් වහන්සේ පටිච්ච සමුප්පාදය ගැන අවබෝධය ඇතිකරගන්න කියලා තියෙන්නේ කොහොමද? **(ජාති පච්චයා ජරාමරණන්ති ඤාණං)** පච්චය කියන්නේ ප්‍රත්‍යය, හේතුව කියන එකයි. පච්චයා කියන්නේ හේතුවෙන්, ප්‍රත්‍යයෙන් කියන එකයි. ඉපදීම හේතුවෙන් ජරාමරණ හටගන්නවා කියලා අවබෝධ කරගන්න කියනවා. වර්තමානයේ මිනිස්සු වයසට යන්නේ, මැරෙන්නේ මොකක් නිසාද? ඉපදීම නිසා. ඉපදුනේ නැත්නම් වයසට යන්නෙත් නෑ, මැරෙන්නෙත් නෑ. ඔන්න කෙනෙකුට හොඳට ප්‍රකට වුණා කියමු ජරා මරණ තියෙන්නේ ඉපදීම නිසා කියලා. ඒ වැටහීමට තමයි ඤාණය කියන්නේ.

අතීතයටත් අනාගතයටත් ගලපා බලන්න....

බුදුරජාණන් වහන්සේ වදාළා ඊට පස්සේ එයා ඒ වැටහීම **(අතීතානාගතේ නයං නේති)** අතීතයටත් අනාගතයටත් ගලපලා බලන්න ඕනෙ කියලා. කොහොමද ඒ, **(අතීතම්පි අද්ධානං ජාතිපච්චයා ජරාමරණන්ති ඤාණං)** අතීතයේත් ඉපදීම නිසයි ජරා මරණ ඇති වුනේ. **(අනාගතම්පි අද්ධානං ජාතිපච්චයා ජරාමරණන්ති ඤාණං)** අනාගතයේත් ඉපදීම නිසයි ජරා මරණ ඇති වෙන්නේ කියලා. ඒ වැටහීම එයාට දිට්ඨි විසුද්ධිය ඇතිකරගන්ට උපකාරී වෙනවා.

ඊළඟට පංච උපාදානස්කන්ධ, ආයතන, සතර

මහාධාතූන් ආදී මේ සියල්ල ම ත් අනිත්‍ය වශයෙන්, දුක් වශයෙන්, අනාත්ම වශයෙන් නුවණින් මෙනෙහි කර කර ඉන්න ඕනෙ. වර්තමානයේ ලොකුවට කතාවක් යනවනෙ අනිච්ච කියන වචනය වැරදියි. අනිච්ඡ තමයි හරි වචනය කියලා. ඒ මතය වැරදියි. පාළියේ ඉච්ඡා කියලා වචනයක් තියෙනවා. ඉච්ඡා කියන්නේ ආසාව, කැමැත්ත. අනිච්ඡා කියන්නේ නොකැමැත්ත.

සංඛතයක ලක්ෂණ....

(අනිච්ච) අනිත්‍ය කියන්නේ ආසා කරන දේ නැති වෙනවා කියන එක නෙවෙයි. සදාකල් නොපවතින, වෙනස් වන, නැතිවී යන කියන එක තමයි (අනිච්ච) අනිත්‍යයයි කියන්නේ. ඒක සංස්කාරයන්ගේ ලක්ෂණයක්. සංස්කාරයන්ගේ තියෙන ලක්ෂණ තමයි **(උප්පාදෝ පඤ්ඤායති)** හටගැනීමක් ගැන කතා කරන්න පුළුවන්. **(වයෝ පඤ්ඤායති)** නැසී යාමක් ගැන කතා කරන්න පුළුවන්. **(ඨිතස්ස අඤ්ඤථත්තං පඤ්ඤායති)** වෙනස් වෙමින් පැවතීමක් ගැන කතා කරන්න පුළුවන්. ඒක තමයි අනිත්‍ය වෙන්නේ. එතකොට ඒ අනිත්‍ය ස්වභාවය නිසා දුක ඇතිවෙනවා. ඊළඟට ඒ අනිත්‍යයි දුකයි අනාත්මයි කියන එක සමහරු පටලව ගන්නවා ආශ්වාදය යි ආදීනවය යි නිස්සරණය යි කියන එකට.

සැක නැති කිරීමෙන් දැනුම පිරිසිදු වීම....

බුදුරජාණන් වහන්සේ ආශ්වාදය විස්තර කරලා තියෙන්නේ කොහොමද? රූපය නිසා යම් සැපයක් සොම්නසක් හට ගන්නවා නම් ඒක තමයි ආශ්වාදය. නමුත් රූපය කියන්නේ **(අනිච්චං දුක්ඛං විපරිණාමධම්මං)**

අනිත්‍ය වෙලා යන, දුකට පත් වෙන, විපරිණාමයට පත් වෙන දෙයක්. ඒක තමයි ආදීනවය. නිස්සරණය කියන්නේ ඒ කෙරෙහි තියෙන ඇල්ම නැති වීම. මේ ඔක්කොම දිට්ඨි විසුද්ධියටයි කංඛාවිතරණ විසුද්ධියටයි උදව් වෙනවා.

දිට්ඨි විසුද්ධිය ලබා ගත්තු කෙනා කංඛාවිතරණ විසුද්ධිය කරා යනවා. සැක නැති කිරීමෙන් දැනුම පිරිසිදු වීම තමයි කංඛාවිතරණ විසුද්ධිය කියන්නේ. පටිච්ච සමුප්පාදයේ හේතුප්‍රත්‍ය ධර්මයන් එකක් එකක් ගානේ නුවණින් විමසනකොට අතීතය ගැන තියෙන සැක නැතිවෙනවා. අනාගතය ගැනත් තියෙන සැක නැති වෙනවා. වර්තමානය ගැනත් සැක නැති වෙනවා. කංඛාවිතරණ විසුද්ධියට එනකොට ඔන්න හටගන්නවා උපක්ලේශ.

දිවා රාත්‍රී වෙනසක් නෑ....

ඔන්න ආලෝකය එන්න ගන්නවා. (සාමාන්‍ය මූලික සමාධියෙදිත් ආලෝකය ඇති වෙනවා). මට එක නායක හාමුදුරු කෙනෙක් කිව්වා උන්වහන්සේට ආලෝකය ඇති වෙච්ච හැටි. උන්වහන්සේ බොහෝම ගුණසම්පන්න නායක හාමුදුරුනමක්. උන්වහන්සේ කාලයක් තිස්සේ භාවනා කරලා භාවනා කරලා ආලෝකයක් ඇතිවෙලා තියෙනවා. දැන් දිවා රාත්‍රී වෙනසක් පේන්නේ නෑ. රෑටත් පේන්නේ දවල් වගේ.

දවසක් ඔන්න රෑ කැසිකිළියට යන්න ඕන වුනා. උන්වහන්සේ නැගිටලා ගිහින් කැසිකිළි කරද්දි එකපාරට හූනෙක් ඇඟට වැටුනා. වැටිච්ච ගමන් හිත ගැස්සුනා.

සමාධිය බිඳුනා. අන්ධකාර වෙලා ගියා කිව්වා. ඊට පස්සේ හෙමින් හෙමින් අතගගා තමයි ඇවිල්ලා තියෙන්නෙ.

දෙවිවරු මගේ හිත දැකලා....

දැන් මෙතන කියන ආලෝකය එහෙම සැණෙකින් බිඳෙන්නෙ නෑ. මේ කියන්නේ දිට්ඨි විසුද්ධියෙන් කංඛාවිතරණ විසුද්ධියෙන් පස්සේ ඇතිවෙන ආලෝකය. ඒ ආලෝකය ආවට පස්සේ සමහරුන්ට එක එක ඒවා පේන්න ගන්නවා. දෙවිවරු ඇවිල්ලා වඩිනවා.... බ්‍රහ්මයෝ ඇවිල්ලා වඩිනවා.... ඇත ඉඳන් මල් ඉහිනවා... මේ වගේ ඒවා පේනවා. හිතේ මාන්නෙත් තියෙන නිසා ඒ මාන්නෙට ගැලපෙන ඒවා පේන්න ගන්නවා.

අපි කියමු ඊට පස්සෙ ඔන්න මෙයාට හිතෙනවා 'ආ... ගොඩක් කාලෙකින් ගස්ලබු කෑවෙ නෑ...' කියලා. ඔන්න පහුවදා දානෙට ගස්ලබු ගෙනල්ලා. ඔන්න හිතෙනවා 'හෙට දානෙට පිට්ටු තිබුනොත් හොඳයි' කියලා. මෙන්න පිට්ටු ඇවිල්ලා. එතකොට හිතෙනවා 'දැන් හරි... දෙවිවරු මගේ හිත දැකලා මං කැමති දේවල් සම්පාදනය කරනවා' කියලා. මාන්නය ආපු ගමන් මාර්ගය අනිත් පැත්ත හැරෙනවා.

උපක්ලේශවලට අහුවෙන්න එපා....

(ඕභාස) ආලෝකය ආවට පස්සේ එහෙන් මුළා වෙනවා. ප්‍රීතිය ඇති වුනාමත් මුළා වෙනවා. මෙයාට හොයාගන්න ම බෑ මේක කෙලෙස් සහිතයි කියලා. ඊළඟට අධිමොක්ඛ ඇති වෙනවා. ඒ කියන්නේ අධිෂ්ඨාන කරපු අරමුණ තුළ හොඳට හිත පවත්වාගන්න පුළුවන්.

ඊළඟට එයා හිතනවා 'ඒකාන්තයෙන් ම මේ ධර්මය සත්‍යයක්. බුදුරජාණන් වහන්සේ ඒකාන්තයෙන්ම මේ ධර්මය පැහැදිලිව පෙන්නුවා. අනේ මට හරී සංතෝෂයි. මං මේ මාර්ගය ප්‍රතිපදාව සම්පූර්ණ කරගත්තා' කියනවා. කඳුළු කඩා හැලෙනවා. බැලුවහම කෙරිච්ච දෙයක් නෑ. ඔතනින් පනින එක මේ කාලේ හිතන්නවත් බැරි තරම් අමාරු එකක්.

ඔන්න දැන් මෙයා ඵලයට පත්වුනා කියලා හිතාගෙන ඉන්දෙද්දි උපක්ලේශ ඇති වෙනකොට සැක හටගන්නවා. එතකොට මෙයා අධිෂ්ඨාන කරනවා 'මට සැක රහිත වෙන්න මට මේක හරියට පෙන්නුම් කරන්න' කියලා. ඔන්න අච්චු අකුරුවලින් පෙන්වනවා 'අනාගාමී' කියලා. මේ කියන්නේ මං දන්න කාලේ වෙච්ච දේවල්. ආයෙ ඒවා ලේසි කෙනෙකුට සුද්ද කරන්න බෑ.

මග වඩන කෙනෙක් වැටෙන වළවල්....

ඊටපස්සෙ එයා අධිෂ්ඨාන කරනවා 'මට දැන් පෙන්නන්න මගඵලලාභී ස්වාමීන් වහන්සේ නමක්ව' කියලා. එතකොට එයාගේ හිත පැහැදිච්ච ස්වාමීන් වහන්සේව පෙන්නුම් කරනවා. ඊට පස්සෙ එයා හිතෙන් අහනවා දැන් මට කියන්න මේ වෙද්දි මගඵලලාභීන් කී දෙනෙක් ඉන්නවා ද කියලා. ඔන්න හත්සිය විස්සයි කියලා පෙන්නුම් කොරනවා. ඒ ඔක්කොම උපක්ලේශ. මෙයා ඒවා ගන්නවා ඒකාන්තයෙන් සත්‍යයි කියලා. ආයෙ බේරන්න බෑ.

ඔහොම වෙලා දැන් මෙයාට හරී අනුකම්පාවක් ඇති වෙනවා අනිත් අය ගැන. 'අනේ මං නම් සංසාරෙන් එතෙර වුනා. අහෝ...! මේ අනිත් අය පන්තිවල ඔහේ

ඉගෙනගෙන යනවා. ඇයි වීරිය කරලා මේක කරගන්ට බැරි...' කියලා. දැන් මාර්ගය වැරදුනා. ඊට පස්සෙ මොකද වෙන්නෙ, දැන් මෙයාට භාවනා කරගෙන ඉන්නකොට ඇගේ පතේ අමාරුවක් නෑ. මෙයාට දැන් පුළුවන් පැය ගාණක් වුනත් සක්මන් කරන්න. පැය තුනක් අධිෂ්ඨාන කරලා භාවනාවට වාඩි වුනහම පැය තුන අප්පුරුවට ඉන්නවා.

දස කථාවෙන් උදව් ඕනෙ....

ඊළඟට ඔන්න සැතපෙන්න ඇඳට ගිහිල්ලා දැන් රෑ දහය හමාරයි වෙලාව, හතරට මං නැගිටිනවා කියලා අධිෂ්ඨාන කරලා සැතපෙනවා. ඇහැරිලා ඔරලෝසුව බැලුවාම හතරයි. එතකොට හිතනවා 'දැන් හරි... මට ගාණට මාර්ගය ප්‍රතිපදාව වැඩ කරනවා' කියලා. ඇයි වීරියත් තියෙනවා, සිහියත් තියෙනවා. දැන් ටික ටික මෙයා ප්‍රමාදයට පත් වෙනවා. ප්‍රමාදයට පත් වෙච්ච ගමන් මාර්ගය අවුල් වෙනවා.

අන්න ඒ වෙලාවට බුදුරජාණන් වහන්සේගේ ධර්මයෙන් එයාට අනුබල ලැබෙන්න ඕනෙ. එයාට ගුණ පිහිටලා තියෙන්න ඕනෙ නිකෙලෙස් වීම පිණිස. කෙළෙහිගුණ, ඉවසීම, දයාව, කරුණාව ආදී ගුණ තියෙන්න ඕනෙ. දැන් එයාට අල්පේච්ඡ බව ගැන කතාව උදව් වෙනවා. ලද දෙයින් සතුටු වීම ගැන කතාව දැන් උදව් වෙනවා. අසංසර්ග කතාව දැන් උදව් වෙනවා. විරියාරම්භ කතාව දැන් උදව් වෙනවා.

යටි හිත නිකෙලෙස්....!

මං දන්න තව හාමුදුරුකෙනෙක් ඒ වගේ රහත් කියලා හිතාගෙන ඉඳලා පස්සේ කෙලෙස් අවුලක

පැටලුණා. එතකොට මං ඒ හාමුදුරුවන්ට කිව්වා 'ස්වාමීනී, දැන්වත් තේරෙනවා ද මේක?' කියලා. 'නෑ නෑ... මං නිකෙලෙස්. මේක මගේ උඩු හිතේ ප්‍රශ්නයක්. උඩු හිත කියන එක මේ දැන් කතා කරන එකක්. යටි හිත නිකෙලෙස් වෙලා තියෙන්නේ' කිව්වා. ඒ වගේ අයට ඕනතරම් උත්තර තියෙනවා. මං ඒ වගේ යෝගීන් සිය ගාණක් ඇසුරු කරපු කෙනෙක්. මං මේවා මගේ ගැන පම්පෝරි ගහන්න කියනවා නෙවෙයි. ඇත්ත කිව්වෙ නැත්නම් මේක හොයාගන්න බැරි නිසයි මේවා කියන්නේ. නැත්නම් මං වේලාසනින් කියන්න එපැයි මෙච්චා.

ගැලවීමේ මග....

ඉතින් මේ වගේ උපක්ලේශ ඇතිවෙච්ච වෙලාවට දිට්ඨි විසුද්ධියේ, කංඛාවිතරණ විසුද්ධියේ පිහිටලා තමයි මේක විසඳගන්න තියෙන්නේ. එයා තුළ දිට්ඨිවිසුද්ධිය ඇතිවුනේ යම් අවබෝධයකින් ද, සැක ප්‍රහාණය කළේ යම් අවබෝධයකින් ද, එතන ඉඳලා විදර්ශනාව වඩන්න පටන් ගන්න ඕනෙ 'මේක **(ඛයධම්මං)** ක්ෂය වෙලා යන ස්වභාවයෙන් යුක්තයි, **(වයධම්මං)** නැසී යන ස්වභාවයෙන් යුක්තයි, **(විරාගධම්මං)** නොඇල්ම ඇති කරගත යුතු ස්වභාවයෙන් යුක්තයි, **(නිරෝධධම්මං)** ඇල්ම නිරුද්ධ කරගතයුතු ස්වභාවයෙන් යුක්තයි,

මේ කිසිවක් **(නේතං මම)** මගේ නොවේ. **(නේසෝහමස්මි)** මම නොවෙමි. **(න මේසෝ අත්තාති)** මාගේ ආත්මය නොවෙයි. මේවා තමාගේ වසඟයේ පවත්වන්න බෑ' කියලා නුවණින් මෙනෙහි කරන්න ඕනෙ. ඒ විදිහට ප්‍රඥාව යොදවලා විමසනකොට ටික ටික

පැහැදිලිව කෙලෙස් පේන්න ගන්නවා. එහෙම කරගන්න බැරිවුනොත් දිගින් දිගටම මුළා වෙනවා. මං හිතන්නෙ නෑ මේ කාලේ මෙතනින් එහාට ලේසියෙන් කෙනෙක් යයි කියලා.

මාර්ගයත් අමාර්ගයත් පැහැදිලි වෙනවා....

මග්ගාමග්ග ඤාණදස්සන විසුද්ධිය ඇති වුනොත් එයා කලින් කියපු උපක්ලේශවලින් ඔබ්බට යනවා. ආලෝකය කියන්නේ ක්ෂය වී යන දෙයක්, නැසී යන දෙයක් කියලා එයා දන්නවා. ඒ කෙරෙහි ඇල්ම දුරු කරගත යුතුයි, ඇල්ම නිරුද්ධ කළ යුතුයි කියලා දන්නවා. ඒ ආලෝකය මගේ නොවේ, මම නොවේ, මාගේ ආත්මය නොවේ කියලා දන්නවා. වීරිය, සිහිය, සමාධිය, දහම් කරුණු පැහැදිලිව වැටහෙන බව ආදී ඔක්කොම ධර්ම මාර්ගය තුළ නිරන්තරයෙන් යෙදීම නිසා හටගත්තු මාර්ග යේ අංග මිසක් මම මාගේ කියලා එකක් නොවේ කියලා එයාට ප්‍රකට වෙනවා. එහෙම ප්‍රකට වුනාට පස්සේ ඔන්න ප්‍රතිපදාව පිරිසිදු වෙනවා (පටිපදා ඤාණදස්සන විසුද්ධිය).

හිමාලය මුදුනේ නොකැළඹුනු විල....

පටිපදා ඤාණදස්සන විසුද්ධියට එනකොට තමයි ඒ කෙනාට තමන්ගේ කෙලෙස් හඳුනගන්න පුළුවන් වෙන්නේ. පටිපදා ඤාණදස්සන විසුද්ධියට එනකල් කෙලෙස් හඳුනගන්න බෑ. බුදුරජාණන් වහන්සේ ඒ ගැන මේ විදිහේ උපමාවක් පෙන්වා දීලා තියෙනවා. හිමාලය මුදුනට වෙන්න කඳුවලින් වට වෙලා හුළඟින් කැළඹෙන්නෙ නැති විලක් තියෙනවා. හුළඟෙන් කැළඹෙනකොට නෙ

ජලය රැළි නංවන්නේ. හුළඟින් කැළඹෙන්නෙ නැති නිසා ඒ විලේ පතුල හොඳට පැහැදිලිව පේනවා. මේ විල ළඟට හොඳට ඇස් පේන පුරුෂයෙක් ගිහිල්ලා විල දිහා බලනවා. බැලුවහම ඒ විලේ ඉන්න මාළු, බෙල්ලො, ගල් කැට ආදිය පැහැදිලිව පේනවා.

සිතේ නිදිගත් කෙලෙස්....

ඒ විදිහට ම මෙයාට තමන්ගේ සිතේ ස්වභාවය පේන්න ගන්නවා. රාග අනුසය පේන්න ගන්නවා. පටිඝ අනුසය පේන්න ගන්නවා. අනුසය කියලා කියන්නේ සිතේ නිදිගත්තු කෙලෙස්, සිත ඇතුලේ සැඟවී වැඩ කරන කෙලෙස්. සැඟවිච්ච දෙයක් නැතුව හිතේ සැබෑ ස්වභාවය පේන්න ගන්නවා. කෙලෙසුන්ගේ ස්වභාවය පේන්න ගන්නවා. එතකොට ඒවාට නොඇලෙන්න හිත පුරුදු කරනවා අර අනිත්‍ය භාවනාවෙන් ම. දැන් එයාට ප්‍රතිපදාව අහුවෙලා. දැන් මාර්ගයට වැටිලා. දැන් ඔන්න ආර්ය අෂ්ටාංගික මාර්ගයේ සීල සමාධි ප්‍රඥාව වඩනවා එයා. වඩනකොට එයා තුළ අනිත්‍ය ගැන තිබිච්ච නිත්‍ය සඤ්ඤාව දුරු වෙනවා. අසුභය ගැන තිබිච්ච සුභ සඤ්ඤාව දුරු වෙනවා. දුක ගැන තිබිච්ච සැප සඤ්ඤාව දුරු වෙනවා. අනාත්ම දේ ගැන තිබිච්ච ආත්ම සඤ්ඤාව දුරු වෙනවා. එතකොට අවිද්‍යාව තමයි දුරු වෙන්නේ.

විරාග සඤ්ඤාව වැඩෙනවා....

ඒ විදිහට යථාර්ථය ප්‍රකට වෙන්න ප්‍රකට වෙන්න එයාට මේ ජීවිත පැවැත්ම පේනවා මහා ගින්නක් වගේ, නොඇලිය යුතු තැනක් වගේ, භයානක තැනක් වගේ. මේකෙන් පැනලා යන්න ඕනෙ කියලා අන්න

එතකොටයි පේන්න ගන්නේ. දැන් උපක්ලේශයන්ගෙන් බැට කන්නෙත් නැති නිසා හිත ශාන්තයි. කලබල නෑ. ටික ටික මෙයාගේ හිත සංස්කාරයන්ගෙන් බැහැර වෙලා හොඳට පැහැදිලිව පේන්න ගත්තහම ඤාණදස්සන විසුද්ධිය ඇතිවෙනවා. එතකොට මෙයා කල්පනා කරනවා 'අනේ මේ සංස්කාරයන් නැත්නම් කොයි තරම් හොඳද... මේ අනිත්‍ය වෙලා යන, දුක් වෙලා යන, අනාත්ම වෙලා යන දේවල් නැත්නම් මොනතරම් හොඳද... මේවායේ හිත පිහිටන්නේ නැත්නම් කොයිතරම් හොඳද...' කියලා හිතනකොට ඒ හිතේ විරාග සඤ්ඤාව වැඩෙනවා.

විරාග සඤ්ඤාව වැඩෙනකොට බුද්ධ දේශනාවේ තියෙනවා **(අමතාය ධාතුයා චිත්තං උපසංහරති)** අමෘත ධාතුවේ හිත පිහිටන්න පටන් ගන්නවා. හිත අසංඛත වූ නිර්වාණ ධාතුවේ බැස ගන්නවා. අනුපාදා පරිනිර්වාණයට පත් වෙනවා. එහෙමයි බුදුරජාණන් වහන්සේ සප්ත විසුද්ධිය පෙන්නලා තියෙන්නෙ. මං මේ බුද්ධ දේශනාවල තියෙන දේවල් කිව්වේ. මේක බලෙන් ගන්න බෑ. බලෙන් ගන්න පුළුවන් නම් මේකේ ආත්මයක් තියෙන්න එපැයි.

නොවෙනස් වන චිත්ත විමුක්තිය....

ඒ විදිහට නිවනට පත්වුනාට පස්සේ මිච්ඡා දිට්ඨි නෑ, මිච්ඡා සංකප්ප නෑ, මිච්ඡා වාචා නෑ, මිච්ඡා කම්මන්ත නෑ, මිච්ඡා ආජීව නෑ, මිච්ඡා වායාම නෑ, මිච්ඡා සති නෑ, මිච්ඡා සමාධි නෑ, මිච්ඡා ඤාණ නෑ, මිච්ඡා විමුක්ති නෑ. ඒ නිවන තුළ තියෙන්නේ සම්මා දිට්ඨි, සම්මා සංකල්ප, සම්මා වාචා, සම්මා කම්මන්ත, සම්මා ආජීව, සම්මා වායාම, සම්මා සති, සම්මා සමාධි, සම්මා ඤාණ, සම්මා විමුක්ති.

ඒ විමුක්තිය ආයෙ වෙනස් වෙන්නේ නෑ. (**අකුප්පා මේ චේතෝ විමුත්ති**) කියලා ඔය රහතන් වහන්සේලා උදම් අනන්නෙ. අසංඛත ධාතුවේ හිත පිහිටියාට පස්සෙ සංඛතයේත් අසංඛතයේත් වෙනස දන්නවා. මග්ගාමග්ග ඤාණදර්ශනයෙන් හරියට වෙන් කරගන්නකල් ම මේක අවුල් තමයි. එතනට එන්න නම් කංඛාවිතරණ විසුද්ධිය ඕනෙ. කංඛාවිතරණ විසුද්ධියට එන්න නම් දිට්ඨි විසුද්ධිය ඕනෙ. දිට්ඨි විසුද්ධියට එන්න නම් අනිත්‍ය දේ අනිත්‍ය වශයෙන්, දුක් දේ දුක් වශයෙන්, අනාත්ම දේ අනාත්ම වශයෙන් දැක්ක යුතුයි. ඒ වගේම පටිච්චසමුප්පාදය නුවණින් දැක්ක යුතුයි.

ප්‍රතිපදාව හැල්ලු කරන්න එපා....

ඊළඟට බුදුරජාණන් වහන්සේ පංච උපාදනස්කන්ධ අතීත - අනාගත - වර්තමාන - ආධ්‍යාත්ම - බාහිර - හීන - ප්‍රණීත - දුර - ළඟ වශයෙන් එකොළොස් ආකාරයකට බලන්න කියලා තියෙනවා. මේ ධර්මය මනාකොට ඉගෙන ගනිද්දි හොඳට තේරෙනවා මේක අපි හිතන තරම් ලේසි නෑ කියලා. දැන් කාලේ උපාසක අම්මලා භාවනා පන්තිවලට ගියාට පස්සේ ඔන්න එතනින් කියනවා ප්‍රථම ඵලයට පත් වේවා කියලා අධිෂ්ඨාන කරන්න කියලා. 'ඵලයට පත් වුණා ස්වාමීනී' කියනවා. ආයෙ ටික කාලයක් ගිහිල්ලා කියනවා දෙවෙනි ඵලයට පත් වුනා කියලා. අන්තිමට හැල්ලු වෙන්නේ බුදුරජාණන් වහන්සේ විමුක්තිය පිණිස පෙන්වා දුන් ප්‍රතිපදාව යි.

මම දැනුවත්ව ප්‍රතිපදාව හැල්ලු කරලා නෑ. හැල්ලු කරන්නෙත් නෑ. ඔහොම ගිහිල්ලා අන්තිමට 'බුද්ධං සරණං ගච්ඡාමි කියලා තමන්ගේ බුද්ධිය යි සරණ යන්න

තියෙන්නේ' කියයි. එක්කෝ කියයි භවයෙන් නිදහස් වීමයි බුදු සරණ කියලා. මොන මොනවා හරි අර්ථ දෙන්න ගනියි. මිනිස්සුත් පැටලී පැටලී යයි. අද කාලේ කැළඹිච්ච බොර දිය ම යි තියෙන්නේ, පෑදි දිය නම් නෙවෙයි.

ලංකාවේ රහතුන් ඉන්නවා ද...?

මං මේවා විස්තර කර කර කිව්වේ මේ ස්වභාවය අපි තේරුම් ගන්න ඕනෙ නිසයි. සමහර කොලු ගැටව් ධර්මය ඉගෙන ගන්න ඇවිල්ලා, ටික දවසක් ගියාම ආවේගයකට පත් වෙලා, බලෙන් මගඵල ගන්න ලෑස්ති වෙනවා. එහෙම මුළා වෙන්න නම් හරි ලේසියි. මුළා වෙච්ච අය මට කෙළවරක් නැතුව හම්බ වෙලා තියෙනවා. එකපාරක් මම ගියා අපේ ආනන්දමෛත්‍රී හාමුදුරුවෝ හම්බ වෙන්න. ගිහිල්ලා ඇහුවා "ස්වාමීනී, ලංකාවේ රහතන් වහන්සේලා ඉන්නවා ද?" කියලා. ඉන්නවා කිව්වා. කොහෙද? ඔක්කම්පිටියේ හය නමක් ඉන්නවා කිව්වා. මේ එක එක්කෙනා උන්වහන්සේට කියන කටකතා. උන්වහන්සේ හිතන්නේ උන්වහන්සේ බොරු කියන්නේ නැති හින්දා අනිත් අයත් බොරු කියන්නෙ නෑ කියලයි.

ඉන්නවා.... තැන කියන්නෙ නෑ....

තව හාමුදුරු කෙනෙක් රහතන් වහන්සේලා ඉන්න තැනක් දන්නවා කියලා ආරංචි වෙලා මං ගියා උන්වහන්සේව හොයාගෙන. මේ සිද්ධිය වුනේ දැනට අවුරුදු විස්සකට විතර කලින් මං ධර්මය හොයාගෙන යන කාලේ. ගිහිල්ලා මං ඇහුවා "ස්වාමීනී... රහතන් වහන්සේලා ඉන්නවා ද?" කියලා. ඉන්නවා කිව්වා.

"ඔබවහන්සේ උන්වහන්සේලාත් එක්ක කතා බස් කරලා තියෙනවා ද?" තියෙනවා කිව්වා.

මං ඇහුවා කොහෙද ඉන්නෙ කියලා. කියන්නෙ නෑ කිව්වා. එතකොට මං "අනේ ස්වාමීනී, මමත් රහත් වෙන්න ආසයි. අනේ මට කියන්න. කී නමක් ඉන්නවා ද?" කියලා ඇහුවා. අට නමක් ඉන්නවා කිව්වා. "ස්වාමීනී, අට නමක් ඉන්නවා නම්, මාත් රහත් වුනොත් නම නමක් නෙ. අනේ මට මාර්ගය ප්‍රතිපදාව කියා දෙන්න කවුරු හරි කෙනෙක් ඉන්නවා නම් මම කැමතියි. මං කියන තැනකට යන්නම්" කිව්වා. ඇත්තටම යන්න ලෑස්ති වෙලයි මං ඇහුවේ.

කියන තැනකට හොයාගෙන යන්නම්....

ඊට පස්සෙ මං කිව්වා "ස්වාමීනී, ලංකාවෙ නම් කියන්න, මං කියන තැනකට යන්නම්." මං පෙරැත්ත කර කර, අවුස්ස අවුස්ස දැන් අහනවා ඇඩ්‍රස් එක ඉල්ල ගන්න. ඊට පස්සේ කිව්වා ලංකාවෙ නෙවෙයි කියලා. "එහෙනම් කොහෙද?" ඉන්දියාවෙ කිව්වා. ඒ වෙනකොට මං ඉන්දියාවේ ඇවිදලා ඇවිල්ලා. මං කිව්වා "ඉන්දියාවේ නම් ඒත් කියන්න. මං ඉන්දියාවෙ ඕන තැනකට යන්නම්. මට ඉන්දියාව ගෙදර වගේ. මට ඉන්දියාවෙ ඕනම තැනක් හොයාගෙන යන්න පුළුවන්" කිව්වා. "උන්වහන්සේලා ඉන්නේ හිමාලෙ" කිව්වා. මං ඇහුවා හිමාලෙ කොහෙද කියලා. හිමාලෙ තැන කියන්න බෑ කිව්වා.

ඒ වෙද්දි මම තැම්බිලා හොඳට. ගුටි කාලා. දැන් රවට්ටන්න අමාරුයි. මං කිව්වා "ස්වාමීනී, ඔබවහන්සේ දැන් කිව්වා රහතන් වහන්සේලා අට නමක් ඉන්නවා

හිමාලේ. හැබැයි තැන කියන්න බෑ කියලා. මටත් කියන්න පුළුවන් එහෙනම්, රහතන් වහන්සේලා දහසය නමක් ඉන්නවා හිමාලෙ. තැන කියන්න බෑ කියලා. ඕක කියන්න කාටද බැරි ස්වාමීනී. මට ඕන නම් තව වැඩි කරලා, ට්‍රිපල් කරලා කියන්න පුළුවන් රහතුන් විසිහතර නමක් ඉන්නවා කියලා. 'කොහේද?' 'හිමාලෙ...' 'පාර...' 'කියන්නෑ'. අනේ ස්වාමීනී, මං ඔබවහන්සේගෙන් ඉල්ලන්නම්. ඔය වගේ විහිළු කතා කියන්න එපා" කිව්වා.

ගුටි කෑමෙන් ලත් නුවණ....

මම කිව්වෙ ඒකයි ගුටි කන්නත් ඕන. ගුටි කෑමෙන් වෙන නුවණක් ලැබෙනවා. ඒ තමයි ගුටි නුවණ. මගෙන් සමහරු අහනවා ඔබවහන්සේ කොහොමද මේවා දන්නෙ කියලා. මං කියනවා මේ තමයි මං ගුටි කෑමෙන් ලත් නුවණ කියලා. සමහර කොලු පැටව් මේ ධර්මයට එනවා. ඒ එන්නේ කඩෙන් බඩු ගන්න න්‍යායෙන්. අපි ලෑස්ති වෙලා ඉන්න ඕනෙ උන්ට ආපු ගමන් මගඵල දෙන්ට. එහෙම නැතිවුනාම වෙන කොහේ හරි ගිහිල්ලා මුළා වෙලා අපට පුප්පනවා. මොකද හේතුව, ගුණධර්ම නැතිකම. මං ඒකයි කිව්වේ අභිධර්මයට ඉස්සෙල්ලා ගුණධර්ම දැනගන්න කියලා. ගුණධර්ම නැතුව තමයි ඔක්කෝම කරන්න යන්නෙ.

ඒ අමා නිවන් සුව බොහෝ දුර නොවේ....

ඔබට මතකද පින්වත්නි, මං මහමෙව්නාව හදපු මුල් කාලේ පොතක් ලිව්වා 'ඒ අමා නිවන් සුව බොහෝ දුර නොවේ' කියලා. 'ඒ අමා නිවන් සුව බොහෝ දුර නොවේ' කියලා කියන්නේ මම ද, බුදුරජාණන් වහන්සේ

ද? ඇයි සතිපට්ඨාන සූත්‍රයේ තියෙනවනෙ දවස් හතක් මේ සතර සතිපට්ඨානය මනාකොට ප්‍රගුණ කළොත් එක්කෝ රහත් ඵලයට පත් වෙනවා, එහෙම නැත්නම් අනාගාමී වෙනවා කියලා. එහෙනම් ඒක බොහෝ දුර කතාවක් ද, ළඟ කතාවක් ද? ළඟ කතාවක්. මට බනිනවා මං එහෙම කියලා පටන් අරගෙන දැන් නිවන ගැන කතාවක්වත් නෑ කියලා. ඒ ඔක්කොම අසත්පුරුෂයෝ. සතිපට්ඨාන සූත්‍රය හරියට කියෙව්වා නම් තේරෙනවනෙ ඒ අමා නිවන් සුව බොහෝ දුර නොවේ කියන්නේ ඇයි කියලා.

ඊළඟට දැන් කොච්චර වරද්ද ගන්නවා ද කියනවා නම් 'පියේහි විප්පයෝගෝ දුක්ඛෝ' කියන එකටත් වෙනම අර්ථකථන දෙනවා. 'අප්පියේහි සම්පයෝගෝ දුක්ඛෝ' කියන එකටත් වෙනම අර්ථකථන දෙනවා. 'යම්පිච්ඡං න ලභති තම්පි දුක්ඛං' කියන එකටත් වෙනම අර්ථකථන දෙනවා. සතිපට්ඨාන සූත්‍රයේ මේ එකක් එකක් ගානේ හරිම ලස්සනට අර්ථ දක්වලා තියෙනවා.

ත්‍රිපිටක පාළියට වැරදි අර්ථකථන....

බුද්ධ ජයන්ති ත්‍රිපිටක පරිවර්තනවල පවා තේරුම් ගන්න බැරි පොළොන්නරු යුගයේ වචන තිබ්බා මිසක්, පරිවර්තනයේ දොස් නෑ. ඒ නිසා තමයි අපි අපේ ත්‍රිපිටක පරිවර්තනවලින් සරල විදිහට ධර්මය ඉගෙන ගන්න අවස්ථාව සලසලා දීලා තියෙන්නේ. නුවණ තියෙන කෙනෙකුට හොඳට ධර්මය පුරුදු කරගන්න, ඉගෙන ගන්න අවස්ථාව තියෙනවා.

අපි කාලයක් තිස්සේ විදර්ශනාව ගැන ඔබට පොඩ්ඩ පොඩ්ඩ ඉගැන්නුවා. දැන් ඔබ දන්නවනෙ

විදර්ශනාව හැටියට කරන්න තියෙන්නේ ස්කන්ධ, ධාතු, ආයතන අනිත්‍ය වශයෙන්, දුක් වශයෙන්, අනාත්ම වශයෙන් බැලීමයි කියලා. මං භාවනාව ඉගෙන ගන්න කාලේ විදර්ශනාව හැටියට ඉගෙන ගත්තෙ ඒවා නෙවෙයි.

අමුතු විදර්ශනාවක්....

අපි ගිය තැන්වලින් ඉගැන්නුවේ වාඩි වෙලා භාවනා කරගෙන යද්දි සද්දයක් ඇහෙනකොට 'සද්දයක්... සද්දයක්... සද්දයක්...' කියලා හිතෙන් මෙනෙහි කරලා ඒක අතඅරින්න. ඊට පස්සේ ආයෙ ආශ්වාස ප්‍රශ්වාස මෙනෙහි කරන්න. ඊළඟට හිතට මොනවා හරි අනවශ්‍ය සිතිවිල්ලක් ආවාම 'සිතිවිල්ලක්... සිතිවිල්ලක්... සිතිවිල්ලක්...' කියලා මෙනෙහි කරලා ඒක අතහරින්න. රාගයක් ආවාම 'රාග යක්... රාගයක්... රාගයක්...' කියලා මෙනෙහි කරලා අතහරින්න. තරහක් ආවාම 'තරහක්... තරහක්... තරහක්...' කියලා මෙනෙහි කරලා අතඅරින්න කියලයි.

එහෙම පුරුදු කළාම එක දෙයයි වෙන්නේ. ටික ටික මේ අරමුණු නොදැනී යනවා. ඊට පස්සේ ටික ටික ආශ්වාස ප්‍රශ්වාසත් නොදැනී යනවා. ඊට පස්සේ උඩින් ලයිට් එකක් ගැහුවාම පේනවා වගේ මුළු ශරීරය දිහා ම බලන්න කියනවා. බලාගෙන වේගයෙන් මෙනෙහි කරගෙන යන්න කියනවා 'විදිනවා... හැපෙනවා... විදිනවා... හැපෙනවා...' කියලා.

අපි ඔබව මුළා කළේ නෑ....

අපිත් ඉතින් ඕක කරගෙන ගියාම නොදැනී ගියා. නොදැනී ගියාට ඉන්නවා කියලා තේරෙනවා. ඒක තමයිලු විපස්සනාවේ ඉහළ අවස්ථාව. ඒකත් 'දනිමි... දනිමි...

දනිමි...' කියලා වේගයෙන් මෙනෙහි කරගෙන යන්න කියනවා. අපිත් ඉතින් ඒ විදිහට මෙනෙහි කරගෙන ගිහාම ඒකත් නොදැනී ගියා. ඔන්න මුකුත් දන්නෙ නෑ. එතකොට ඵලයට පත් වුණා කියනවා. විදර්ශනාව හැටියට ඒ කාලේ අපි කළේ ඕවා.

අපි කවදාවත් ඔබට මේ වගේ විකාර කියා දීලා තියෙනවා ද? අපි කියා දීලා තියෙන්නේ නිර්මල බුද්ධ වචනය. අපි ඇලපිල්ලකින් ඉස්පිල්ලකින්වත් ඔබව රවට්ටලා නෑ. මෝඩ මිනිස්සුන්ට ඉතින් කොච්චර කීවත් තේරෙන්නෙ නැනෙ. අපට කරන්න දෙයක් නෑ ඒකට. ව්‍යංජනේක රස දන්නේ දිව තියෙන කෙනානේ. හැඳි ලක්ෂයක් දාලා කැලැත්තුවත් හැන්දට රස දැනගන්න පුළුවන් ද? බෑ.

හැන්දක් වගේ නොවී දිවක් වගේ වෙන්න....

බුද්ධ දේශනාවේ තියෙනවා නෙ (**මුහුත්තම්පි චේ විඤ්ඤූ - පණ්ඩිතං පයිරුපාසති**) නුවණැති කෙනෙක් මොහොතක් නමුත් නුවණැත්තෙක්ව ඇසුරු කරයි ද (**ඛිප්පං ධම්මං විජානාති**) ඔහු වහා ධර්මය දැන ගනී. (**ජිව්හා සූපරසං යථා**) දිව රසය දැන ගන්නවා වගේ. (**යාවජීවම්පි චේ බාලෝ**) අඥාන පුද්ගලයා දිවි ඇති තෙක් (**පණ්ඩිතං පයිරුපාසති**) නුවණැත්තෙක්ව ඇසුරු කළත් (**න සෝ ධම්මං විජානාති**) ඔහුට ධර්මය වැටහෙන්නෙ නෑ. (**දබ්බී සූපරසං යථා**) හොද්දේ රසය නොදන්නා හැන්ද වගේ ය. මේවා සම්බුදු වදන්. බුදුරජාණන් වහන්සේගේ මුවින් මේ වගේ වචන පිටවුනේ, ඒ කාලෙත් එහෙනම් මේ ස්වභාවය ඒ විදිහට ම තිබිලා තියෙනවා.

අපි ධර්මය ඉගෙන ගන්න කාලේ 'බුද්ධං සරණං

ගච්ඡාමි කියලා බුද්ධිය යි සරණ යන්නේ. පුද්ගල සරණක් මේකෙ නෑ' කිය කිය කොටසක් කිව්වා. මං කිව්වා "නෑ නෑ... පුද්ගලයෙක් ම යි මේකේ සරණ යන්නේ. බුද්ධ දේශනාවේ තියෙනවනෙ (**ඒකපුග්ගලෝ භික්ඛවේ ලෝකේ උප්පජ්ජමානෝ උප්පජ්ජති**) "මහණෙනි, දෙව් මිනිසුන්ගේ හිත සුව පිණිස එකම එක පුද්ගලයෙක් ලෝකයේ උපදිනවා. ඒ තථාගත අරහත් සම්මා සම්බුදුරජාණෝ ය" කියලා බුද්ධ වචනයේ තියෙනවනේ. ඇයි ඔයගොල්ලෝ ඔහොම කියන්නේ?" කියලා.

පින් නැති, ගුණ නැති මිනිසුන්....

ඊට පස්සේ අපි ඔබට තථාගත බුදුරජාණන් වහන්සේගේ නව අරහාදී ගුණ එකක් එකක් ගාණේ විස්තර වශයෙන් ඉගැන්නුවා. දැන් කට්ටිය අපි කරපු දේ මොකක්ද කියලාවත් දන්නෙ නෑ. ඔබට මතක ඇති මං මුල් කාලේ ධර්ම කතාව කරගෙන යද්දි කිව්වා මේ ජීවිතයේදී ම මේ ධර්මය අවබෝධ කරගන්න වීරිය ගන්න කියලා. කලක් යද්දි මට තේරුණා මේක වැඩ කරන්නෙ නැනෙ කියලා. පස්සෙ මං කල්පනා කළා මේකට හේතුව මොකක්ද කියලා. මට තේරුණා මිනිස්සුන්ට පින් මදි කියලා. ඊට පස්සේ වෙහෙර විහාර හදන්න... චෛත්‍ය හදන්න... බෝධි හදන්න... පින රැස් කරන්න... කිය කියා මම කාලයක් පින ගැන කිව්වා ඔබට මතකද? පස්සෙ පස්සෙ මට තේරුනා පින මතක හිටින්නෙත් නෑ නෙ මිනිස්සුන්ට. හේතුව මොකක්ද, ගුණධර්ම නෑ. ඊට පස්සේ මං කිව්වා ගුණධර්ම නැති ප්‍රශ්නයක් තියෙන්නේ. ඒ නිසා ගුණධර්ම ඇති කරගන්න කියලා. ඒ විදිහට හැම පැත්තක් ම අපි ඔබට පෙන්නලා දීලා තියෙනවා.

ප්‍රසිද්ධ වෙන්න උවමනාවක් තිබුණේ නෑ....

පින්වත්නි, අපි සෙල්ලමක් කළේ නෑ. විහිලුවක් කළේ නෑ. කට කහනවාට කියාපු කතා නෙවෙයි මේවා. ප්‍රසිද්ධ වෙන්න බලාගෙන කිව්වත් නෙවෙයි. ප්‍රසිද්ධ වෙන්න උවමනාවක් තිබුනා නම් මෙච්චර අත්දැකීම් තියෙන මට කොහොම නටවන්න බැරිද මිනිස්සුන්ව. එහෙනම් මං මගඵල දෙන්නෙ නෑ කියලා කෙලින්ම කියයි ද? මං නිතරම කියන්නේ තෙරුවන් සරණ යන්න... තෙරුවන් සරණ යන්න... කියලා නේද?

මං නිතර නිතර උපුටා දැක්වුවා **(යේ කේචි බුද්ධං සරණං ගතා සේ)** යම්කිසි කෙනෙක් බුදුරජාණන් වහන්සේව සරණ ගියා නම් **(න තේ ගමිස්සන්ති අපායං)** ඒ අය අපායේ යන්නෙ නෑ. **(පහාය මානුසං දේහං)** මිනිස් ශරීරය අත්හැරියාට පස්සේ **(දේවකායං පරිපූරෙස්සන්ති)** දෙව්ලොව යනවා. ඒ නිසා උඹලත් දෙව්ලොව පලයල්ලා කියලා මං කිව්වා නේද? එතකොට අසත්පුරුෂයෝ ආයෙත් මට බනිනවා 'හහ්... මෙන්න දෙව්ලොව යන්න කියනවා' කියලා. මිනිස්සු යවන්න හදන්නේ ම සතර අපායේ. මේ අවස්ථාව මගහැරුනොත් මගහැරෙන්නේ නිකම් නෙවෙයි. සත්පුරුෂයෙකුට ගැරහීමේ අකුසලයත් අරගෙනයි යන්න වෙන්නේ. ඒ නිසා මේක බරපතල එකක්.

අත්දැකීම් සහිත වැඩපිළිවෙළක්....

මේ ධර්ම ප්‍රචාරක වැඩපිළිවෙළ පින්වත්නි, මං රැල්ලකට ඇති කරපු එකක් නෙවෙයි. කාලයක් තිස්සේ සසර දුකින් මිදීමේ ආසාවෙන් ම නොයේක් ආකාරයේ භාවනා පන්තිවලට ගිහිල්ලා, වැඩසටහන්වලට ගිහිල්ලා,

ඉගෙන ගෙන, අත්දැකීම් ලබාගෙන, ගුටි කාලා, හොඳටම හෙම්බත් වෙලා හරි දේ මනාකොට තේරුම් අරගෙන පටන් ගත්තු එකක්. මේ ධර්ම මාර්ගය පටන් ගන්න තියෙන්නේ බුදුරජාණන් වහන්සේව සරණ යෑමෙන්. ධර්මය සරණ යෑමෙන්. ශ්‍රාවක සංඝයා සරණ යෑමෙන්.

අද අපි දානයක් හරියට දෙනවා නම්, අපේ ශාස්තෘන් වහන්සේ දානය ගැන කියපු නිසා නේද? අද අපි සීලයක් හරියට පුරුදු කරනවා නම්, අපේ ශාස්තෘන් වහන්සේ සීලය ගැන කියපු නිසා නේද? අද අපි හරියට බුදු ගුණ මෙනෙහි කරලා සෑයක් වන්දනා කරනවා නම්, බුදුරජාණන් වහන්සේ ඒ ගැන කියාදුන් නිසා නේද? අද අපි සසර දුකක් ගැන කල්පනා කරනවා නම්, බුදුරජාණන් වහන්සේ කියාදීපු නිසා නේද? අද අපි දෙවියන් ගැන කතා කරනවා නම්, ඒත් බුදුරජාණන් වහන්සේ කියාදීපු නිසා නේද?

යකින්නියන්ට 'මෑණියෝ' ලු....

ගොඩක් දෙනෙක් දිව්‍ය ලෝකවලට ගරහ ගරහා, යකින්නියන්ට මෑණියෝ මෑණියෝ කිය කිය අදහමින් හිටියා. එහෙම ලෝකෙක තමයි අපි මේ ධර්ම කතාව කළේ. කලින් වතාවේ ලෝහිච්ච සූත්‍රය උගන්වද්දි මං ඔබට කියාදුන්නා බුදුරජාණන් වහන්සේ සෝවාන්, සකදාගාමී, අනාගාමී, අරහත් කියන මාර්ගඵලයන්ට අමතරව දෙව්ලොවත් විවෘත කළා කියලා. හඳුනාගන්න අපි සරණ ගිය ශාස්තෘන් වහන්සේ ගැන.

අපි "බුද්ධං සරණං ගච්ඡාමි" කියලා මුළු හිතින් ම සරණ ගියේ අපට ඒකාන්තයෙන් ම පිහිට සලසපු

ශාස්තෘන් වහන්සේව යි. අපි "**ධම්මං සරණං ගච්ඡාමි**" කියලා සරණ ගියේ ඒ ශාස්තෘන් වහන්සේ විසින් නොයේක් ආකාරයේ වචනවලින්, නොයේක් ආකාරයේ අර්ථවලින්, විස්තර විභාග වශයෙන් කියා දීපු චතුරාර්ය සත්‍ය ධර්මය යි. අපි "**සංඝං සරණං ගච්ඡාමි**" කියලා සරණ ගියේ ඒ බුදුරජාණන් වහන්සේගේ ධර්මය තුළින් මතු වෙච්ච නිර්මල වූ ශ්‍රාවක සංඝරත්නය යි. බලන්න මේ රථවිනීත සූත්‍රයේදී මන්තාණිපුත්ත පුණ්ණ මහරහතන් වහන්සේ දස කතාව තුළ සප්ත විසුද්ධිය වැඩෙන ආකාරය ගැන කොච්චර ලස්සනට විස්තර කළාද...! සාරිපුත්ත මහරහතන් වහන්සේ ඒක අනුමෝදන් වුණා. ඉතින් අපටත් ඒ උතුම් ත්‍රිවිධ රත්නයේ පිහිට පිළිසරණ ලැබේවා...!

සාදු! සාදු!! සාදු!!!

මහාමේඝ ප්‍රකාශන

9 789556 871500